MCS

# 「幕間《まくあい》」の心理学

―人生の転機の乗り切り方―

精神科医
保坂 隆

JN040603

Gakken

# はじめに

乳がん患者さんのAさんは、乳がん告知のショックからも立ち直り、手術を終え、4回の抗がん剤治療を受けています。Aさんは36歳独身の会社員ですが、抗がん剤治療中は体調がすぐれない時が定期的に訪れるので、思い切って1年間の休職を予定しています。脱毛していくことを告げられたのがショックで、私の外来にやってきました。私はすぐさまウイッグの購入を勧めました。そして、可能だったらショートヘアにすることも勧めました。長い髪の方のほうが、脱毛していく現実に向き合う際のショックが大きいという患者さんが多かったので、その理由とともにショートヘアを勧めます。大抵は同意していただけるので、次には、「そのショートヘアに合いそうな長さのウイッグを購入し、いつも行っている美容院の方に説明して、短くした髪と同じようにウイッグを調整してもらいましょう」と説明すると、大抵の患者さんには納得していただけます。しかし、続けて「1年後に復職する時にはまだショートヘアのウイッグかもしれませんが、同僚の方はびっくりしますよね？」と言うと、患者さんは大抵考え込みます。復職までの1年間の過ごし方や復職の仕方でも考えているみたいです。

そんな時に、テレビの番組で、役者さんが幕と幕の間で、お化粧を整えている場面が映っているのをぼんやりと見ていました。衣装も替えるらしく二人くらいの方が手伝って、急いで替えています。メイクの方も二人がかりで、お化粧だけでなく髪型も替えています。みんな大忙しです。大道具の方も何人もで舞台を変えていますし、小道具の方も次の幕の役者さんの持ち物等を準備しています。これが主役の方だけでなく、次の幕でも連続して出演する役者さんの周囲でも、皆さんがてんてこ舞いをしています。「まくあい」と聞こえたので画面を見ると、「幕と幕の間」と書いて「まくあい」と読むことがわかりました。この幕間の時間に客席を見ると、お客さんたちは飲み物やおやつを買いに行ったり、トイレに行ったり、おしゃべりしたりする騒がしい時間帯です。

こんな場面をぼんやりと見ながら、私の患者さんたちを役者さんに喩えると、第1幕と第2幕の間、つまり「幕間」の忙しい準備状況に匹敵するのではないかと思えてきました。この幕間の時間を、自分自身の「人生の第2幕」をどうすればいいのかを考え、具体的に準備する時間だととらえれば、Aさんもこの「休職期間」を積極的にとらえられるのではないか、と思ったのです。

また、10年以上前に大腸がんの手術を終えたBさんは、今は睡眠導入剤だけを定期的に取りにいらっしゃいます。ところがある時、「私はもう59歳で来年になったら定年なんです」とおっしゃいました。会社勤めをしたことがない私は「定年になったらどうなるんですか？」という初歩的な質問をしました。「60歳で定年になったら、私の会社では、65歳まで1年ごとに再雇用の更新をしてもらいます。でも、同じ仕事をしていても、給料は半分になるんですよ」と不満げに話します。つまり、定年までのこれからの1年間は、Bさんにとって「人生の第2幕」までの貴重な「幕間」に相当することになるのです。ただ、何もしないで半分の給料の職に移行するだけでなく、この「幕間」を利用して、たとえば何かの資格を取るだけで、定年後の仕事に副業が加わるか、何かやりがいのある仕事を始めることも可能になってくるのです。

そこで、本書では、いくつかの「幕間」の場面を想定して、考えてみようと思っています。具体的には、定年退職前の1、2年間や、がん治療などで休職を余儀なくされた患者さんにとっての治療の期間や、親や配偶者を亡くした後の悲嘆（グリーフ）の期間や、親を介護している期間さえも、本書では「幕間」ととらえてみました。そして、その貴重な「幕間」の時間を使って、自分自身の「人生の第2幕」をどうしていくのかを考えていただくために、いろいろな理論を取り上げたり、いくつかの事例も、当人が特定されないよう修正して取り上げたりして、提案してみました。

さあ、あなたも、ある意味では既に「幕間」にいらっしゃるのかもしれません。または、もっと先に「幕間」が待っているのかもしれません。いずれにしても、誰にとっても「人生の第2幕」はやってきますし、その直前は「幕間」ですので、この機会に一緒に考えてみようではありませんか。

令和6年5月

保坂サイコオンコロジー・クリニック　保坂 隆

# 「幕間《まくあい》」の心理学
## ―人生の転機の乗り切り方―

目次
contents

## 第3章 幕間でステップアップ

## 第4章 幕間のサポーター



装丁 ダイアートプランニング（山本史子）
本文デザイン ダイアートプランニング（今泉明香）
表紙・本文イラスト 玉田紀子
編集協力 オフィス朔（松本紀子、鈴木佳子）

# 第1章

# 幕間との出会い

Q

健康診断でがんが見つかり、手術をすることになりました。幸い早期がんだったのですが、悪いことばかり想像してしまいます。治療にどう向き合えばよいでしょうか？

A

これまでの人生を第1幕と考えると、がんの治療期間は、第2幕に向けての「幕間」の時間にもなります。人生の第2幕に向けて、じっくり考える時間としてぜひ有効に活用してください。

# 01 幕間とは？

「幕間」とは演劇などで一幕が終わって、次の幕が始まるまでの、舞台に幕が下りている間のことで「まくま」と読むこともあるそうですが、「まくあい」のほうが正しいようです。

もともとは歌舞伎用語であり、場面が終わって幕が下りた時から次の幕が開くまでの間を指していたようです。よく聞く「幕の内弁当」とは、その幕間に食べることから呼ばれるようになったという話もあります。

演劇などでは、この幕間の時間は、観客にとっては休憩時間になるので、トイレに行ったり、飲み物などを買いに行ったり、それこそ長い時間になる歌舞伎では、「幕の内弁当」を食べながらおしゃべりをする時間になるそうです。

しかし、舞台裏では、次の幕開きに向けて進行が途切れることなく、出演者は衣装や化粧を替えたり、スタッフは舞台セットの配置転換や照明の変更などで走り回ったりしている時間です。

　自分自身の人生を「何幕かで構成されるドラマ」だと仮定すると、やはり**何回かの「幕間」があるはず**だと考えても不思議ではありません。

　たとえば、受験に失敗して浪人生活をするというのも、自分の人生について考える大切な「幕間」になるし、夫婦喧嘩をしてしばらくは口もき

かずに、互いに何か反省したり考え直したりするというのも「幕間」だと言えると思います。

また、早期退職をして次の人生をどうするかと考えるのも、重要な「幕間」の時間だし、がんの治療のために休職し、今後の働き方を考える時間にするのも大切な「幕間」だと思います。さらに、親や配偶者や親友など大切な人を亡くして悲しんだり思い出したりする「喪（グリーフ）」の時間も、人生で最重要クラスの「幕間」の時間であると思います。

本書を通して、**このような幕間をどのように過ごし、その後の人生をどのように修正していったのか**について、自分自身の事例を含めて、何人かのケースを話していこうと思います。

まずは、第一の人生を立派に演じながら、子どもの頃から持っていた漠然とした夢を、結局は見事に実現した人物について紹介します。

その人の名前は、日本地図を作った「伊能忠敬《いのうただたか》」です。

## 02 伊能忠敬に学ぶ「第二の人生」

　ある仕事に打ち込んできた者が、定年後に見事に転身することは可能なのだろうかと考えた時に、やはり、日本地図を作成・編纂した「伊能忠敬」のことが即座に浮かびます。

　伊能忠敬は、1745年に現在の千葉県の貧しい漁村の網元に、三人きょうだいの末っ子として生まれました。幼くして母親を亡くしたために婿養子だった父親は離縁され、忠敬はすさんだ少年時代を送ることになります。しかし、少年忠敬は、他の子どもたちと比べて、算盤などに抜きん出ているだけでなく、星の動きを眺めているのが好きな特徴的な少年時代を過ごしたのです。

　このような子ども時代を過ごした忠敬は、主人を亡くして倒れかかった商家に、数え18歳で婿養子に入りました。若き当主である忠敬にはさまざまな問題が降りかかったのですが、先祖代々その店に伝わる記録や経理書類を参考にしながら、見事に再建していったのです。その結果、忠敬は店の再興どころか、地域の活動を通しても「名士」と呼ばれるほどになりました。

しかし、ここからが通常とは違う人生だったのです。人生50年と言われた江戸時代に、50歳を迎えた忠敬は、さっさと長男に家督を譲り、幼い頃から興味を持っていた天文学を勉強するため江戸へ出たのです。

実際には、突然の隠居ではなく、４年ほど前から領主に隠居することを申し出ていたのですが、その有能さから税収が減ることなどを心配した領主が、忠敬の隠居をなかなか認めなかったようです。実は、この４年間ほどの期間こそが、忠敬にとっては「幕間」に相当していたのです。

さて、やっと隠居が認められた忠敬は、用意周到に準備した江戸・深川の家に移り住みました。浅草には、星を観測して暦を作る幕府直轄の「天文方暦局」があったからです。そして暦局に着いた忠敬は51歳で、当時の天文学の第一人者である32歳の高橋至時《たかはしよしとき》の門下生となり、「若い時から持っていた夢の実現」のために猛勉強しました。

今で言う「社会人入学」でしょうが、江戸時代に、しかも51歳という年齢の忠敬にとっては、「海外留学」くらいに大きな生活環境の変化だったはずだと思います。

もう少し背景を説明すると、きっかけはありました。その時代、従来の重農主義に対して、貨幣経済を重要視して重商主義政策をとっていた老中・田沼意次が経済政策の失敗により罷免《ひめん》され、松平定信の時代となりました。その頃、北方の国防問題が起こり、幕府ではその解決策の1つとして、全国の測量が必要だと思われ始めた時期であったそうです(1)。

この日本全国の地理を明らかにするための学問として、天文学と暦学の重要性が浮かび上がってきた時期でもあったのです。そこで、松平定信は幕府の「天文方」を強化拡充し、「暦局」を設置しました。そこに赴任したのが、当時の天文学の第一人者である32歳の高橋至時《よしとき》でした。まるで、別々の場所で生じた波が合わさって、大きな「うねり」になるような時期でもあったのだろうと想像します。

忠敬は32歳の高橋至時の門下生となり「若い時から持っていた夢の実現」のために猛勉強し、56歳を過ぎてから全国を歩き始め、日本地図の作成にとりかかりました。

途中、東日本の地図を11代将軍徳川家斉に披露したところ、その地図があまりに精緻《せいち》だったために、「続けて九州、四国を含めた西日本の地図を作成せよ」と幕命が下ったのです。まさに、「個人的な仕事」が、「正式な国家事業」に変わった瞬間だったのです。

このように、忠敬の51歳までの人生には、あま

りに多くのことがありました。親戚の家を渡り歩いた少年時代から、伊能家の養子となって店を建て直し、地域の名士になるまでには、それこそ人生第2幕、第3幕くらいの濃厚な暮らしがあったと思いますが、それらを全部まとめて、ここでは伊能忠敬の『第1幕』と呼んでみましょう。

本章で登場していただく多くの方にも、それまでには幾幕かのドラマがあったと思いますが、その時期に熟考し、新しい仕事に変換していった動きを強調したいので、全て、そこに至るまでの期間を『第1幕』とさせていただきます。

その意味で言うと、忠敬は、この『第1幕』で立派すぎる以上の功績を残し、それに満足せず、少年の頃からの夢を果たす『第2幕』に取り組んだことになるわけですが、そこから学ぶことはあまりにも多いと思います。

人生を第1幕、第2幕と分けて、そのどちらにも一生懸命取り組み、目的を果たすことは並大抵の努力ではないし、その背景に、強い動機がなければ達成できないだろうと思います。それが実は「夢」とか「価値観」とか「人生の方向性」というものなのだと思います。そして、かなり若い時から測量などの練習をするなどの準備期間があり、幕府の政策の大転換などもそれを後押しした結果として、『第２幕』が始まったのだと思います。
江戸時代から飛躍的に寿命が延びた現代では、定年退職してからも10数年の人生が残されています。このような長い時間を考えると、**定年退職後も、少年、少女からの「夢の達成」には十分な時間が残されている**と思うべきではないだろうかと思いますが、**第３章**でまた触れてみます。

**Point**

伊能忠敬は『第１幕』で養子となった商家を建て直し、50歳で長男に家督を譲り、少年の頃からの夢だった天文学の勉強に一生懸命取り組んで人生の『第２幕』でも偉業を成し遂げた。

## 03

# 定年退職後では遅い

伊能忠敬とは対照的なケースをお話ししましょう。笑えないジョークのような実際の話です。

一流企業の課長までやっていたある男性は定年を迎え、皆さんから花束をいただき、送別会まで開いてもらったそうです。「やっと会社通いをしないで、朝もゆっくり眠れるぞ」と朝寝坊する日が1週間も続きました。ゴルフにも平日に行けたし、友人たちとの飲み会も楽しみました。

しかし、そのような日々も2、3カ月も経過すると、あまりにもやることがなくなってしまい、逆に退屈し始めたそうです。そんな時、送別会での後輩の言葉を思い出しました。「先輩、時々は励ましに来てください」とか「先輩、時々は遊びに来てください」などと言われたよなあと思い出し、ある日、ネクタイも締めずに普段着のままで、フラーッと辞めたばかりの会社に行ったそうです。

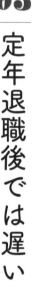

ところが、入り口で見知っていた受付の女性に「やあ」と挨拶し、通り抜けようとした時に、ゲートでタップするIDカードがないことに気付きました。受付の女性に声をかけ、入れてもらえるように頼んだところ、やはりIDカードがない場合には通すことはできないと言われ、初めて、そこの職場を辞めた自分に気付いたそうです。

そこで、受付の女性に頼んで、前の職場の課長補佐を呼んでもらったところ、かなりの時間待たされ、エレベーターから降りてきた課長補佐は丁重に頭を下げ笑顔で迎えてくれたのですが、「元気そうだね」という挨拶以上に会話は弾まず、「忙しそうだから」と声をかけて、いそいそと会社のあるビルを出たそうです。

その時に感じた『喪失感』は想像以上に強く、翌日から、本当に朝、起きられなくなってしまい、やがて憂うつ感を感

じるようになり、家族が心配して私の外来にいらっしゃいました。典型的な「うつ病」でした。もちろん、抗うつ剤とカウンセリングで改善していきました。そのカウンセリングのなかで、「第二の人生をどうするか」について、その時からやっと考え始めたのです。

この患者さんの心理やうつ病発症機転は、**第2章**で説明する『メランコリー親和型性格』や『対象喪失』で説明は容易にできます。簡単に言えば、真面目で「いい性格」の男性が、その足場を失って、その喪失感から回復することができなかったわけです。確かに、この患者さんにとっては「退職＝喪失」であったのですが、別の言い方をすると、「課長」という肩書に『執着』していたとも言えます。『執着』からは何も生まれません。時間はどんどん前に進んでいるだけです。後戻りも、留まっていることもできないのです。

**第1幕の人生を終えてから過去にしがみつく（執着する）のではなく、第2幕の人生に転じていかなければいけないのですが、第2幕になってから、それを見つけるには相当な**

**時間がかかる**ものです。やはり、第1幕が終わるまでの1、2年間を「幕間」の時間と意識して、第2幕の準備を始めなければならなかったのです。

Point
真面目で「いい性格」の人ほど、定年退職による喪失感を強く感じてしまう場合がある。第1幕の幕が下りる前の1、2年間は第2幕の準備期間と考えよう。

# 04 定年退職前の幕間

Cさんは独身で、7年前に乳がんになったのですが、早期乳がんだったために、手術や放射線療法の後で5年間のホルモン療法を終えると、58歳になったので、2年後に定年退職を迎えます。

**はじめに**でも書いたように、会社勤めをしたことがない私は「定年になったらCさんの会社ではどうなるんですか?」という初歩的な質問をしました。それに対して、Cさんは「私の会社の先輩たちは大抵の場合、65歳までは1年ごとに再雇用をしてもらいます。ただ、同じ仕事をしていても、給料は半分になるらしいんですよ」と話し、続けて「でも私は、若い時から組合活動をしていましたから、会社側はたぶん雇用の延長はしてくれないと思います」と話します。

つまり、たまたま組合活動をしていたために、再雇用の道がなかったので、定年までのこれからの2年間が、Cさんにとって「人生の第2幕」までの「幕間」に相当することに気付いて対策を立てることができたのです。

その後も、Cさんとは、定年退職後の仕事の仕方について2週間ごとに話し合ってきました。そのうち、Cさんが急に「私、若い時に『たっけん』の資格は取ったんですけどねえ」と言い始めたのです。またまた、わからない言葉が出てきました。この「たっけん」が「宅建」であり「宅地建物取引士」という国家資格であることを私はその時初めて知りました。

調べれば、誰でも受験できるとは言うものの、年1回だけの試験であり、合格率はこのところ10数%しかない難関であることも知りました。もちろん、Cさんには「宅建」の資格を使った職業を勧めましたが、Cさん自身がそれに乗り気ではありません。その代わり、「整理収納や片付けの資格」（これは20種類以上ある私的団体の資格のようなので、ここでは固有名称は使いません）を取り、その仕事をしてみたいと言うのです。

そうこうしている間に、お友達の推薦で、役所で開催する「片付けセミナー」

の講師をさせてもらい、楽しそうに毎週開催していたところ、別の役所からもセミナー開催のオファーがあり、スライド作りや講演の仕方などが徐々に上達してきたのです。さらに、某区役所が主催する「女性のための起業セミナー」にも参加し始めました。毎週土曜日の丸1日を使ったワークショップに連続10週間参加するというもので、最後には、それぞれの「起業プラン」を発表して互いにディスカッションするという本格的・実践的なセミナーだったようです。

残された1年間で、Cさんは「宅建」を持っているとどのような仕事が可能かについて調べ、週末に近所の不動産屋で見学しながら、1年後の起業に向けて楽しい毎日を送っています。

定年退職と「宅建」がらみで言うと、偶然としか思えない話を続けましょう。乳がんを克服したDさんが、6年ぶりに外来にやってきました。今は1年に1回の乳がん検診のフォローアップの段階だそうです。この方の10年以上前の初診時の様子――ドアを入ってくるところから推理していく様子――は『シャーロキアン・カウンセリング』と名付けて別に紹介しました。懐かしい患者さんです[2]。

そのDさんも、あと1年半で定年退職するのですが、そのまま1年ごとに65歳までは雇用更新をしてもらう予定です。「もうこの年では、どこも雇ってはくれないですからね。でも、嫌な経営者の下で同じ仕事をしていても、給料は半分になるんですよ」と不満げに話します。

それっきりだったのですが、その1年後にDさんは急に診察にやってきます。そして、開口一番、「先生、宅建の試験に合格したんです！」と報告に来てくれたのです。宅建についてはすでに知識がありますから、「あの難しい試験に合格したんですか？」と問い直すと、「実は去年、落ちてしまったので『今年は絶対に落ちないぞ』と勉強しました。合格率は17％（２０２2年度）と言っていました！」と自慢げです。

あまりに奇遇すぎると驚いてしまいました。乳がんを克服した方二人が、定年退職前に「宅地建物取引士」を取得しているという事実に、です。Dさんは「今から、街の不動産屋さんのところで、毎週末に見学させてもらいます」と、嫌な会社を辞められる喜びに溢れて診察室を出ていきます。

これからは女性一人で暮らすケースが多くなると思いますが、賃貸物件でも分譲でも、女性の「宅地建物取引士」さんが相談に乗ってくれて、内覧にも同行してくれるとしたら、女性のお客さんにとっても安心できますよね。

いつか、CさんとDさんを引き合わせ、女性宅建士の働き方や意義について話し合っていただく予定です。

**定年退職後の仕事を支えるのには、何かの「資格」があると、次のステージに行きやすい感じがします。**もしも通信教育だけで取れる資格だったなら、定年前に仕事をしながら取得できます。

しかし、調理師の資格を取りたいというある患者さんからは、「夕方まで仕事をしていると、夜間スクールにも間に合わないんです」という話を聞きました。この患者さんには、定年退職後に調理師学校に通う前に、「週末に、『子ども食堂』で食事を作ってあげるのはどうですか?」と提案したところ、「練習になります、調べてみます」と喜んで帰っていきました。

**Point**

仕事をしながら通信教育でも取得できるさまざまな資格がある。何かしらの資格を持っていると、人生の第2幕の支えになる可能性がある。

# 05 がん治療期間も幕間

Eさんは46歳のバリバリの管理職の女性ですが、肺がんになったショックを乗り越え、「右肺上葉切除術」という手術を受けました。その後、抗がん剤の治療中であったにもかかわらず転移してしまい、「ステージⅣ」と診断されました。ところが、その後、Eさんのがん細胞に効果的な分子《ぶんし》標的薬《ひょうてきやく》が見つかったのです。早速、治療開始したところ、幸いなことに、本当に幸いなことに転移巣も消え、治療を続けながら職場復帰をしました。この間が、やはり1年半かかったそうです。

手術を受け抗がん剤治療中に転移が見つかってから、私の外来に来てくださいましたが、「10キロも痩せた」という言葉通り、闘病中のがん患者さんそのものでした（実は復職後昔話をしていた時に、初診当時の記憶がなかったので写真を見せていただき、『別人』のように回復したため当時の記憶が私の中に残っていなかったことをお詫びしました）。

当然、初診時の頃は、まずは若くして死んでしまうことを考え、退職して実家に帰ることも考えていました。分子標的薬が奏功して半年後に復職を考えた時、医療体制や会社の支援体制などをトータルで考え、今勤務している会社に復職することを決めました。ここでは会社側の産業医さんのサポート体制にも助けられたそうです。半日勤務から始まり時短勤務へ、残業や出張はなし、基本はリモート勤務で、など細かく予定を立てていただいたそうで、このことも復職を助けてくれたと言えるでしょう。

Eさんは治療中に助けられた患者会に頼まれて、自分自身の闘病から復職への短いけれども急峻な坂道の様子を、周囲に助けられた感謝の気持ちとともにお話しされたそうです。

ところがそれを聞いた方から、どんどん別の人に話が広がり、結果的には、医師が集まる大きな学術学会を含めていくつもの集会で、治療と仕事の両立を目指した講演を続けています。「自分の後に続く患者のために」という大きな目的があるそうです。

Ｆさんは49歳の乳がん患者さんです。インターナショナルスクールで日本語を教えていましたが、治療期間に入ったので、すぐに教員の職を退職してしまいました。私

は外来では基本的に、「がんだからといって、決して退職しないで、休職してから復職してください」と言い続けています。しかし、Fさんは退職してしまってから、私の外来に来たので、「もっと前に来てくれれば……」と残念な気持ちを伝えました。

しかし、「実は職場不適応だったので、病気の治療はきっかけにすぎない」と告白してくださいました。そこから、毎週のカウンセリングを希望されました。両親との関係、結婚したが離婚に至った状況、職場不適応の背景などを20セッションのカウンセリングで乗り越えることができました。

そんな時に、インターナショナルスクールでの教員の求人に申し込み、厳正な面接を繰り返し、転職が決まりました。今は、職場への過剰適応を注意しながらも仕事に慣れ、父親の介護の問題も加わったのですが、母親と一緒に家庭の問題にも上手に適応するようになりました。

Gさんは60歳の大学教授の女性ですが、乳がんの治療中に、私の外来に来てくれました。その話の中で「この機会に退職して、乳がんの治療に専念したい」と言いました。

大学でのお仕事を伺ったところ、担当する3科目の講義は短い期間で終わること、その講義もコロナのためにリモートで自宅から行えること、試験はレポート提出に変更が可能なことがわかりました。

Gさんは、学長と相談して教授会にもリモートで出席可能にしてもらえること、その他、学外の仕事も診断書を提出すれば欠席が許可されること、なども調整していました。もともと合理的な性格で手際のいい方ですので、ここまでをご自分で調整していらっしゃいました。

しかし、事態は変わりました。抗がん剤の治療中であるにもかかわらず、新しい転移が見つかったのです。Gさんもご家族も、きっと職場（大学）の同僚や上司たちも驚き悲しんだに違いありません。そして、Gさんも「家族と相談しましたが、やはり大学を辞めて家族との充実した時間を過ごします」と決心しました。

しかし、ここで初めて私は自分の意見を伝えました。「今回の職場や外部の職務での特別な計らいは、これまでのGさんの職務における適正な評価の結果であり、職場ではGさんが復帰するのを待っているはずです。このコロナの発生状況だと来年度もリモート出勤が多くの企業で継続されるでしょう。皆さんが待っていますから、来年も勤務を続けてください」と説得しました。

この助言にはもちろん即答はしていただけませんでした。しかしその後、変更した新しい抗がん剤の効果も現れ、腫瘍マーカーの値やCT画像の改善を確認してから、Gさんも仕事の継続を改めて決心してくださいました。

**Point**

がんの治療期間は、治療と仕事を両立するにはどうしたらよいのか、治療後の人生の第2幕をどう生きるか、などを考える「幕間」の時間でもある。

# 06
# 幕間を経ての転職

会社勤めをしているとさまざまなストレスがあり、胃潰瘍などの心身症や、うつ病を始めさまざまなメンタル疾患になります。Hさんは55歳の非常に健康な男性でしたが、外国での単身赴任中に、元気がなくなってしまったそうです。日本にいる奥様が乳がんで私の患者さんでもあったので、メールやビデオ通話でも直接にお話を伺い、急遽、一時帰国をし受診していただきました。

診断は明らかに「うつ病」で、すぐに「3カ月間の休職と通院治療が必要」という診断書を発行しました。その後、診断書の通り帰国でき治療に通っていただき、うつ病からも回復して、国内勤務に変わったそうです。

それはいいのですが、また単身赴任です。Hさんは、**第2章**で説明するように、うつ病になりやすい方の病前性格である『メランコリー親和型性格』と『執着気質』の両方の特徴を持っている方でした。「いい人」であるだけでなく、徹底的に仕事に没頭するような「真面目な人」でもありました。

だから2年間くらいは頑張っていたのですが、ある時、急に退職してしまいました。正義感の強いHさんですが、会社の方針がよほど腹に据えかねていたのでしょう、何も交渉もしないで退職願を出してしまったのです。57歳になったHさんは、都内のご自宅の奥様のもとにお帰りになり、「もう仕事はしないで、アルバイトだけしていく」と決心したようです。

この時期の男性にとって、仕事での責任や仕事量が増すだけでなく、可愛い娘さんが嫁いでいく、定年退職が近づいてくる、など『対象喪失』の危機も加わります。外国での単身赴任プラス過重労働で「うつ病」になったHさんが、『対象喪失』の危機状態に際して、「うつ病」が再発することも十分に注意しながら、コロナ禍でのリモート診察を繰り返しました。

「この年では再就職口はありません」と何度も言うHさんを励まし、家族と暮らしながら出勤できる職場で、できれば65歳定年ではないところ、などを検索してもらい、結局3社で最終面接まで進み、結果的には、この2つの条件を満たす仕事に再就職できたのです。

**ここでも、「幕間」の時間は有益でした。この時間を利用しながら、自分自身が定年退職という喪失感には弱いだろうということ、家族に恵まれているのだから何も離れ離れで暮らす必要はないだろうという、「周囲から見たら当たり前のこと」に、やっと考え方を修正**することができたのです。

Point

メンタルの不調などで転職する場合にも、再就職までの「幕間」の時間を有益に使うことで、考え方を修正し、危機を乗り切ることができる。

# 07 親の介護も幕間

中高年になると、親の介護という新しい課題が訪れます。**親の介護も「幕間」の時間になり、親の生き方から学び、感謝することの大切さを学び、これからの自分の生き方を考える絶好の機会**になります。

Iさんは59歳ですが、独身で、小さいながらも起業して、若い時から外国との輸出入の仕事をしてきました。いわば、英語を使いこなすバリバリの仕事人間でした。しかし、10年ほど前からお母様の体調が悪くなったのを契機に、介護を一人でやろうと決意して、仕事は一時お休みにして頑張ってきました。この10年間が、Iさんにとっては「幕間」の時間になったようです。

お母様を亡くされてから久しぶりに外来に来てくださいましたが、この介護の期間に、自ら「介護士」の資格を取ったという話を伺いました。「やはり徹底してるなあ」と驚いたのですが、この介護の期間にさらに重要なことを考えたようです。

「日本には介護に携わる方が少ないのは問題だ。しかし、政府にその解決策を期待しても間に合わないので、外国人に日本語と英語で教える介護職の養成所を作りたい」と言うのです。私は「まったくその通り！」と拍手してしまいました。

親の介護が「幕間」の時間になり、そのための専門職である「介護士」の資格を取り、日本における介護の問題点にまで気付き、持ち前の創意工夫や起業精神を生かし、自分に課せられた課題を明確化して、それに挑戦する第２幕に向かい始めたのです。

**Point**

親の介護をきっかけとして、自分自身の生き方を考える「幕間」の時間を持つことができ、人生の第2幕につながることもある。

# 08 悲嘆（死別）という幕間

さらにこの時期になると、親との死別という悲しいエピソードも訪れます。

Jさんのお母様は乳がんで、不安状態のために私のところに通っていました。乳がんが転移、再発した2年前からは、Jさんもお父様と一緒に三人で、リモート診療に加わるようになりました。49歳独身女性のJさんは、美容院の「雇われ店長」として、従業員やお客様からの信頼を得ていた方です。

ところがその後、お母様は「うつ病」も合併してしまい、抗うつ剤の処方をしながらの自宅での介護が続きました。がんの進行に伴い、鎮痛薬のオピオイドを使うようになってからは、副作用としての「せん妄」状態となり、家での管理が難しくなりました。

精神科医のいる一般病院などでは入院させていただけるのですが、がんセンターなどの専門病院には精神科の病棟がありません。不穏状態がひどくなり精神科の専門病院に入院をお願いしました。この調整のためにJさんは仕事を休みながら専念していらっしゃいました。しかし、その努力もむなしく、結局お母様は意識が十分に戻らないまま亡くなってしまいました。

そのままJさんだけはリモート診療を続けてくださり、その時、その時のアドバイスを続けていました。親を亡くした後の時間（グリーフ）のカウンセリングです。Jさんは、お父様とだけの二人暮らしになると、これまで三人暮らしだった生活形態が崩れ、お父様との葛藤という新たな問題が生じてきたようです。そして何かのきっかけで、お父様とはまったく口をきかないような状態になったそうです。

一方それとは別に、仕事の面でも、経営者との間に齟齬《そご》が生じたために、それを契機として、長年の夢であった「独立」を考えるようになりました。しかし、経営者側はその独立を妨げるような嫌がらせ行動をとるようになり、かなり苦しめられました。この時が一番大変だったように思います。

結局Jさんは、近くの町で、一人で美容院を開業することに成功しました。その際に、多額な借金をした開業だったので、これが成功するのか、失敗するのかわかりませんが、今はJさんはただただ一生懸命になっていますので、毎週のようにリモートで声援しています。

このように、**親を亡くした後の時間（グリーフ）も「幕間」**になります。特に、**自分が拠り所としていた大切な人を亡くした後の幕間では、深い悲しみから立ち直ることと同時に、第2幕をどのような人生にすればいいのか？　何をすればいいのか？　ということを考える時間になる**のです。

65歳になるKさんはご主人を亡くされてから1カ月後に外来にいらっしゃいました。「そろそろ四十九日忌なので、その時には何とか気持ちを立て直したい」というのが受診動機でした。娘さんは嫁いでいるので、実際にはご主人と二人暮らしだったのですが、それが急に一人暮らしになったという寂しさでいっぱいでした。

こんな時期の遺族の方については**第2章**で説明するように、配偶者を亡くした後1年間では、死亡率が高いことがわかっています。だから、Kさんの心の奥底には希死念慮《きしねんりょ》（死にたいという気持ち）があったとしても不思議ではありません。離れて暮らしている娘さんもそれをとても心配していたようです。

その方の悲しみに共感して一緒に泣いてあげるのも治療の1つになりますが、

その方がやがては前を向いて進んでいくようにサポートすることこそが、この時期の積極的なサポートです。

　そこで、Kさんには次の3つのことを早くから勧めました。1つ目は運動習慣を身に付けること、2つ目は何か勉強を始めることです。3つ目はそれ以外に何かの趣味を持つことです。

　それぞれについて二人で相談しました。1つ目に関しては、近くで運動トレーナーさんと個人契約して、週3回の指導を受けるようになりました。その後2カ月で2キロ痩せたそうです。2つ目はいろいろ考えたのですが、通信制の大学に通おうと思うようになりました。既に大学を卒業されているのですが、ご主人を亡くしてからは、仏教に関心を持って仏教について改めて学びたいというのが動機です。

　3つ目もいろいろ考えました。亡くなったご主人が音楽好きで、いわゆる「中年バンド」を作っていて、ギターが何本か家に置いてあったのです。ご主人のことを忘れようと思ってギターを物置に隠していたそうですが、私の勧めもあり、逆に「ギターを習ってみようかしら」という気持ちになったようです。

この方にとってはご主人が亡くなって半年ほどの期間だったのですが、この幕間の時間を利用して、かなり早い段階で３つのことを始める決心をしてくださいました。

Ｌさんは53歳の主婦です。子どもさんはいらっしゃらなくて、ご主人と二人暮らしでした。ところが、ご主人が膵臓がんになってしまい治療もむなしく亡くなりました。その後、四十九日忌の前後あたりから急に活動的になって、なんと膵臓がんの患者会の集まりを立ち上げました。

その後も遺族会を立ち上げるなど、やや行動的すぎるような感じになりました。暇な時間にはゴルフにも行くことがあり、気を紛らわせていたのですが、カウンセリングをずっと続けながら途中でわかったことは、Ｌさんが「記憶が飛んでしまうことがある」ということです。

「記憶が飛んでしまう」という症状は精神医学では『解離《かいり》』という精神現象です。ご主人を思うあまり、とてもつらいグリーフワークが続く中で、防衛機制としての『解離』現象が現れたというふうに理解しています。

この解離現象が現れることに加えて、過活動になっている点は、**第2章**でも説明するように、対象喪失とそれに続く悲哀の仕事の中での『**躁的防衛**《そうてきぼうえい》』という現象だと思われました。このような背景があることを説明し、Lさんも、活動を続けながらも精神的にはやや落ち着いてきて、より現実的に今後の患者会や遺族会の運営方法を考えるようになりました。

Mさんは53歳の看護師さんです。ご主人をがんで亡くして、四十九日忌の前後に、グリーフケアを目的に来院されました。ご主人が2年前から咳をしていたのに、早期発見を勧められなかったことに、看護師としての罪悪感が強く、ずっと泣き通しでした。病院の産業医との面談でも「少し休むように」と言われたとのことでした。

私のクリニックでは、「ずっと地域の病院で働いてきたが、半年後に辞めるつもりだ」と語りましたので、「退職する前に休職して傷病手当金をもらっている間に、次の人生を考えましょう」という私の提案にはすぐに同意してくださいました。

『一周忌までは急病になったり急死したりする報告が多い』ことを説明して、休職の診断書を発行しました。休んでいる間にも診察に来ていただいたのですが、そのうち、ぼんやりと将来の目標が浮かんできたようです。地域に、より根ざした「訪問看護ステーション」を起業するというのです。

そのために、ケアマネジャー、医療事務、在宅看護指導士、産業看護師などの資格を目指すことにしました。起業についてのセミナーにも参加しました。この方は見事に休職期間を使って、次の人生設計を考えついた方です。

実際、休んでいる間にいくつかの資格が取れましたので、今は場所探しに懸命です。毎月1回の通院の中でサポートしていきたいと思っています。

ここまで、遺族としての女性がグリーフワークの時期を「幕間」の時間として効果的に使っている話をしてきました。これに対して、男性のほうが妻を亡くして遺族になる可能性もあります。

しかし、男性の場合ではこのようなグリーフの期間には、仕事というこれまでも続けてきたものがあることが多いので、仕事に打ち込むことでグリーフワークを続け、この時期を「幕間」として今後の生活の修正に役立てるということは少ないようです。もちろん、退職後の男性や仕事を辞めてしまった男性も、このグリーフワークの時期を「幕間」の時間として、効果的に使っていかなければいけません。

**Point**

親、夫、妻など大切な人を亡くした後の「幕間」は、深い悲しみから立ち直ると同時に、人生の第2幕を前向きに進んでいくための時間でもある。

注

（1）童門冬二：伊能忠敬—日本を測量した男．河出文庫（2014）

（2）保坂隆：目からウロコの名作再読—シャーロックホームズ・シリーズ．中央公論2020年3月号 p264—265（2020）

# 第2章

# 幕間の心理学

Q

そろそろ定年退職が目前に見えてきました。特に趣味もなく、定年退職後はどんな生活になるのか、漠然とした不安があります。今からどんな心構えでいるべきでしょうか？

A

定年だけでなく、人生にはさまざまな転機が訪れます。自分が何を大切にして生きていき、何を人生の土台にしたいのか。転機を第2幕へのきっかけにして、自分自身でぜひ人生を切り拓いてください。

# 01 定年退職の心理

わが国では2013年に改定した「高年齢者雇用安定法」により、定年が65歳へ引き上げられる経過処置期間中です。厚生労働省「高年齢者雇用状況等報告」（2023年）によると、定年を65歳以上としている企業（定年制の廃止企業を含む）はすでに30・8％あり、65歳までの雇用確保措置企業は99・9％であるといいます。ここでは、日本人にとって、仕事をすることや定年退職が意味することについて説明していきます。

## 仕事・退職の意味

人生で起こる重要なライフイベントは、それぞれ相対的にはどのような大きさであるのかを調査した、ホームズとレイによる古典的な研究があります[1]。

この研究では、最大のストレスフルなイベントとして「配偶者の死」を100点とした場合の、それぞれのイベントの相対値が示されています。１９６０年代のアメリカ人を対象としたものですが、まず個人的な生活上のストレスでは、「離婚」73点、「夫婦の別居」65点などであるのに対して、仕事関係の項目では、「解雇・失業」47点、「退職」45点、「仕事の再調整」39点、「転職」36点だったそうです。

つまり、１９６０年代のアメリカ人にとっては、個人の日常生活上のストレスに比べ、仕事関係のストレス度は低く評価されているといった印象が強かったようです。実際、リーマンショックの例を出さずとも、日本にある外資系の会社で、従業員が簡単に即日解雇される姿がテレビに映し出されて驚いた記憶があります。

当然、終身雇用制や年功序列を基本としていた日本の労働者とは違うのだろうという疑問が湧き、当時いくつかの研究がわが国でも行われました。たとえば夏目・村田による勤労者を対象とした研究では、最高点はやはり「配偶者の死」であり、その得点は83点、また「離婚」は72点だったのに対して、「会社の倒産」は「離婚」よりも高く第2位の74点であり、続いて「会社を変わる」64点、「多忙による心身の過労」62点、「仕事上のミス」61点、「転職」61点、「単身赴任」と「左遷」60点などが上位を占めていました。しかし、その研究では、なぜか「定年退職」は44点と下位であったそうです。[2]

１９６０年代のアメリカ人と80年代の日本人勤労者の比較で、やや乱暴なまとめではありますが、アメリカ人に比べ、日本人は個人的な生活上の変化よりも、職場や勤務形態の変化などのほうが、よりストレスフルだということを想像します。その仕事関係でも、「定年退職」は80年代には平和なイベントであり、それは十分な年金受給が保障された平和な時代であったためかもしれません。

### 仕事を続けるモチベーション

一方、そのような日本だからこそ、その後、勤労者を巡る環境は著しく変わってきたのではないでしょうか。内閣府「令和元年度 高齢者の経済生活に関する調査結果」によれば、「65歳くらいまで収入を伴う仕事がしたい」が25・6％と最も多く、「70歳くらいまで」21・7％、「75歳くらいまで」11・9％と続き、さらに「働けるうちはいつまでも」と意欲がある人が20・6％と、驚くほど多いこともわかっています。

しかし、仕事のモチベーションに関しては、「収入がほしいから」が45・4％と最も多く、「働くのは体によいから、老化を防ぐから」23・5％、「仕事そのものが面白いから、自分の知識・能力を生かせるから」21・9％と続いています。

厚生労働省「令和4年度 厚生年金保険・国民年金事業の概況」によると、国民年金の平均受給額が前出の研究当時の80年代の日本人勤労者とは違い、月額約5万6000円、厚生年金の平均受給額は月額約14万4000円である点も、そのモチベーションに大きく影響していることは忘れてはいけません。

定年退職についての現状をやや短絡的ではありますがまとめると、「70歳くらいまでは働きたい」という方が多く、その「モチベーションは収入を補うこと」にある、ということになります。

次に述べる「ライフシフト」という考え方を入れても、**定年が近づく「幕間」には、定年の60歳を超えて70歳まで突き抜けるような仕事に就く、必要なら資格を取る時間にすべき**であると思います。

定年後に仕事をする際の考え方としては、「できれば自分の専門知識や経験を生かせる仕事をのんびりしたペースでやり、社会とのつながりを保ち、世の中の役に立ちたい。さらに、お金を得られると、うれしい」というところでしょうか。だから、「もう年だからダメ」ではなく、「年だから自信がある」と思いましょう。

だから、**「定年後も、仕事または社会とのかかわりを続けるべき！」**だと強調します。

**Point**

十分な年金が保障されていた時代には、「定年退職」のストレス度は他のライフイベントに比べて低かったと言える。しかし現在は、収入を補うために定年後にも働きたいという人が増えており、定年退職の意味も変わってきている。

# 02 日本人にとってのライフシフト

## ●ライフシフトとは？

「ライフシフト」は、人材論・組織論学者リンダ・グラットンと、経済学者アンドリュー・スコットが提唱した概念です。長寿化によって人生100年時代になった今、働き方だけでなく健康や人間関係にも変化が現れてきている現状を指摘し、その対策について啓発した書籍です[3]。

これまでの時代は、多くの人にとって「教育⇓仕事⇓引退」という「3ステージ」の人生でした。しかし、「高齢化」によって働ける時間が長くなったので、この「仕事⇓引退」という図式が「マルチステージ」の人生へと様変わりしてきたという指摘が重要です。

つまり「高齢化」によって、単に「定年退職の年代が後退する」という意味ではなく、「仕事ステージ」内の後半の内容が変わってきたということです（図1）。

そこで重要なことは、単に職業的な変化だけではなく、生き方そのものの価値観や形態が変わってきている点です。実際たとえば、入社する際にも「せいぜい3、4年のつもり」で就職する若者が多くなり、結婚披露宴が仲人が同席するような昔流の形態は少なくなりましたし、披露宴自体をやらないケースも多くなってきています。結納をしたり事前に両家の挨拶をしたりする以前に、一緒に住み始めたり、別れたり、婚姻届を出したり出さなかったりするケースなどさまざまです。パートナー同士が二人とも仕事を持つ家庭が増えると同時に、いずれかが職を変える際には、互いの役割も柔軟に調整し、サポートし

**図１　ライフシフト**

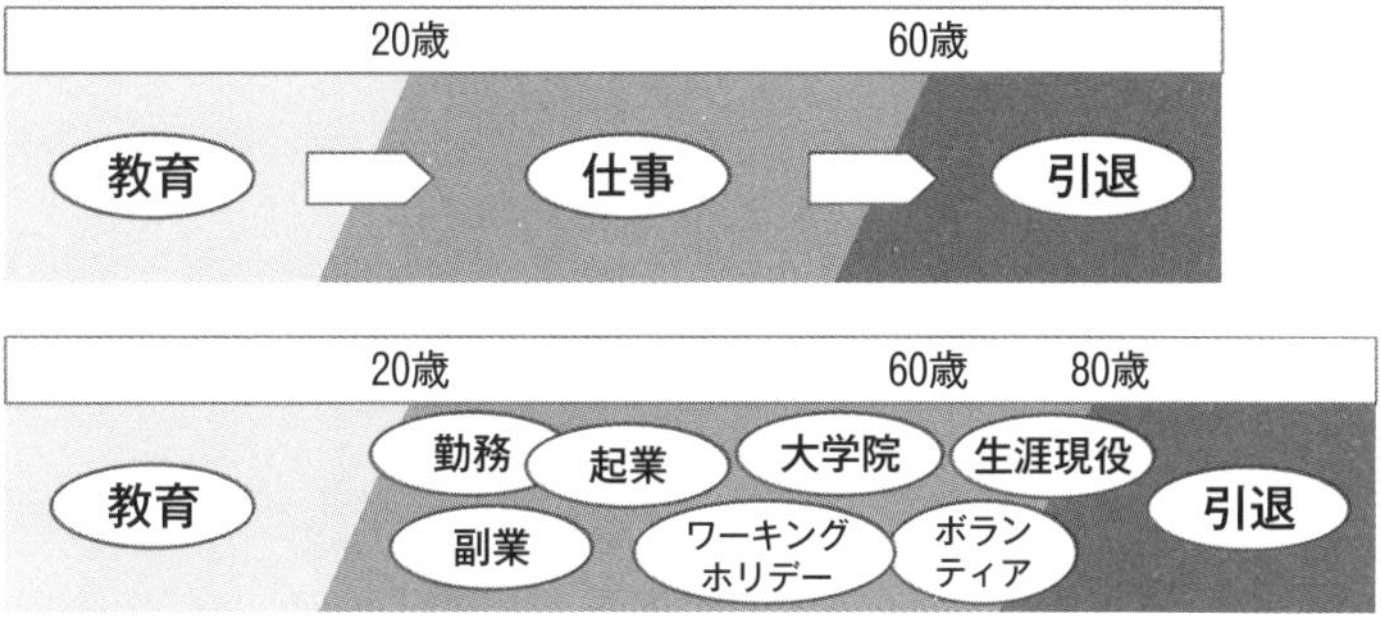


**上段が従来の３ステージで、下段がマルチステージ**

※リンダ・グラットン、アンドリュー・スコット（星井博文原作・松枝尚嗣まんが）：まんがでわかるLIFE SHIFT. 東洋経済新報社（2018）より改変

合っているようです。

「3ステージ」の人生から「高齢化」によって働ける時間が長くなり、「教育⇓仕事⇓引退」という図式が「マルチステージ」の人生へ変わってきたというのが、ライフシフトの考え方なのです。この「マルチステージ」についてもう少し説明してみます。

これまでの「3ステージ」の3つのステージの中で大きく様変わりするのは、真ん中の「仕事ステージ」の部分です。仕事ステージの中に、いろいろな要素が加わったので、「マルチステージ」になるというわけです。

**●マルチステージとは?**

従来の「仕事ステージ」が変化するマルチステージでは、表1のように、3種類の仕事が追加され分類されています。

まず、最初のエクスプローラーは**「探検家」**です。人生の意味をじっくりと考えたり、自分探しをしたり、それまで知らなかった世界を探訪したりする期間です。たとえば中途退職して旅に出たり、海外でホームステイしたり、ワーキングホリデーを利用して海外で働いたりします。普通の旅行者的な行動だけではなく、「探検家」的側面と言うからには、初めてのアートに挑戦したり、小説を書いたり、音楽作りに挑戦したり、好奇心を刺激するようなチャレンジをしたりといった、新しい領域へのチャレンジが始まるのがこの期間です。

次に、２番目のインディペンデント・プロデューサー的側面とは、直訳すれば**「独立した演出家」**ということになります。ビジネスや創作など自分で作り上げたものを、自らプロモーションしようというもので、いわば「個人事業主的な活動」をする時期とも言えます。もちろん「起業」もこの中に入るわけです。以前から温めていたアイデアをもとにして新製品の開発に挑んだり、得意の

**表１　「仕事ステージ」の変化**

| |
|---|
| ① エクスプローラー的側面 |
| ② インディペンデント・プロデューサー的側面 |
| ③ ポートフォリオ・ワーカー的側面 |

料理の腕を活かしてレストランを開店したり、あるいは海外駐留の経験を役立てて「フランス語教室」を開いたりすることなどです。

もちろん大がかりなものでなくても、個人の裁量範囲内で何かビジネスにつながる活動をしようというものが含まれるわけですが、わざわざ「起業」するとまでいかなくても、今ではインターネットを使って、自分で工夫して作成したスタンプを販売したり、趣味で作ってきた手芸やフィギュア、装飾品や工芸品などを売り出したりする方がたくさんいます。誰もが自分なりの技術や個性を発揮できる時期です。インターネットの普及は大きくこの領域を拡げてくれました。

最後に、3番目のポートフォリオ・ワーカー的側面には、少し説明を要します。ポートフォリオは「書類を運ぶためのケース」を語源としていて、主に金融系、クリエイター系、教育系の分野でそれぞれ異なる意味を持って使われます。

金融系のポートフォリオは、投資家が保有する株式、預金・現金、不動産などの構成内容を指します。クリエイター系のポートフォリオは、主に「クリエイティブ関連の作品集」のことを言うようです。ポートフォリオは、ＩＴ系のクリエイターにとっては名刺代わりのような存在と言えますね。

教育系のポートフォリオは、学生のノートやレポート、課外活動などさまざまな成果物をまとめて保存する質的評価ツールを指します。

ポートフォリオの一般的な分類や定義を説明しましたが、ライフワークで言うポートフォリオ・ワーカー的側面とは、**一般企業で働きながら、それとは別の能力を磨いたり、あるいは将来に備えて、仕事をしながら技術やスキルを高めたりする側面**のことを言っているようです。たとえば、将来輸入雑貨の仕事をしたいなら週末はショップでアルバイトするとか、ネットショップを開きたいならボランティアで店を手伝い実務を学ぶとか、今の仕事と並行して「仕事プラスアルファ」の生活をするのがポートフォリオ・ワーカー的側面と言えると思います。一般のサラリーマンにとっては、このスタイルが一番なじみやすいかもしれません。

具体的には、資格を取るために仕事をしながら夜間のセミナーに出席したり、中途退職したり、通信制の「大学院」に行って学び直す機会を持ったり、「海外ボランティア」が仕事の間に入ったりすることもあるようです。コロナ時代に入ってからはますますこの傾向に拍車がかかり、「リモート」できる職種を選んだり、「移住」して自然をより近くに感じたりする夫婦・家族もあるようです。一方で、若い時期から「起業」する方も多くなり、政府もそれを後押ししているのも新しい傾向です。

このように、**「多くの移行期」を経験することになる時代では、自分が「何を大切にして生きていき、何を人生の土台にしたいのか」という問いに、常に向き合わざるを得ない**のです。

かつて、若者が人生を決定する以前を「モラトリアム期間」（もともとは執行猶予期間の意味）と呼び、やがて人生が決まっていくことを「アイデンティティの確立」と呼んでいました。しかし今や、あたかもモラトリアム期間がずっと続き、異なる種類の仕事や活動に同時並行で携わる第3の「ポートフォリオ的側面」で仕事をしている「ポートフォリオ・ワーカー」それ自体がアイデンティティそのもの、というような図式に変わってきているのではないかと思えてなりません。

## ライフシフトのなかの「資産」

このように、ライフシフトには表1のように3つの側面があることがわかりました。『ライフ・シフト』の中で著者らは、「今後寿命が100年になる人生では、1つの企業で定年まで働き、老後を年金で過ごすという仕組みは破綻するだろう」といった内容のことを書いていますが、日本でもそろそろこの辺のことが問題視され、高齢者はその問題に直面しています。

実際寿命が延びれば、それに対応した生き方をするしか方法がなくなります。お金という資産だけでなく、それ以外に「見えない資産」「形のない資産」を作ることも大切になります。

『ライフ・シフト』で定義されている「無形の資産」とは次の3種類です。

①仕事をする能力を指す**「生産性資産」**
②80歳まで働ける前提である健康を指す**「活力資産」**
③ステージが変わるのを手助けしてくれる人脈を指す**「変身資産」**

これらはどれも高齢社会では必要なもので、その意味ではライフシフトという指摘は、「もう100歳人生は始まっているのだから、いつまでも今のままではダメですよ！」「これからは、ハッキリと生きる仕組みを変えていきましょう」と、私たちに訴えてくれた点で十分に価値があったと思います。

ただ、ここで覚えておきたいのは、**「これからの人生は自分自身で切り拓いていくもの」**ということです。会社に属して働いていれば、給与から福利厚生、年金まですべて「おまかせ」で処理されたのですが、定年以降は何ごとも各自の判断で動いていきます。そういう意味では、これからが**「大人の生き方」を試される正念場**といえるでしょう。

**Point**

人生100年時代を迎え、定年後の人生も長くなった。1つの会社に勤めて定年まで働き、老後を年金で過ごすという生き方は難しくなってきている。定年後、いかに自分で人生を切り拓いていくかが試されている。

# 03 メランコリー親和型性格と執着気質

うつ病になりやすい性格（うつ病の病前性格）については、「メランコリー親和型性格」と「執着気質」があります。

まず、**「メランコリー親和型性格」**を説明します。これは、協調性が高く、「相手がいて自分がいる」という考え方が優先されるタイプです。さらに、社会や会社のルールに従って生きるのが好きで安心するするため、冒険やチャレンジよりも、レールに乗った生き方が好きなタイプです。だから、周りの人からは「いい人」と言われることが多いのです。

このような人は、反面で「変化に弱い」という特徴があり、心理学的な意味での「喪失体験」の際にうつ病になりやすいと言われています。この場合の喪失体験とは、お金を落としたり、物を無くしたりするだけでなく、親を亡くす、友人と喧嘩する、娘が嫁いでいく、ということを含み、「変化」することはすべて喪失と受け止められてしまいます。

たとえば、「引っ越しうつ病」という言葉があります。引っ越しはそもそもはうれしいことのほうが多いのですが、スーパーが変わったり、ゴミを出す曜日が変わったり、近所の人も変わったりします。「メランコリー親和型性格」の方には、これが以前まで慣れ親しんでいて、心のなかで同一化されていた土地や習慣を失うことを意味し、3カ月くらい経過した時に、うつ病を発症することがあるのです。

この「引っ越しうつ病」は主婦に起こりやすく、ご主人にとっては、引っ越しをしても「会社は変わらない」ため、あるいは「ほとんど家にはいない」ために、引っ越しは喪失体験にはならないのです。男性のサラリーマンにとっては、退職やリストラ、仕事上の失敗のほうが、直接的な喪失体験になるのです。

うつ病になりやすい性格のもうひとつは「**執着気質**」と言います。これは、完全主義が強く最後までやり通すようなタイプで、執着心が強く、感情の高まりが続くのが特徴的です。仕事に取りかかったら、残業してまで完成させてから帰宅しないといられないようなタイプです。人からは、いわゆる「真面目な人」と言われることが多いです。

このような執着気質を有した人は、残業や過労や、昇格して責任が増すなどの「心身への加重」の際にうつ病になりやすいと言えます。「昇進うつ病」という言葉はこのような状況のことを示しています。

両者は共通性も多く、具体的には、几帳面、律儀、綿密、きまじめ、責任感や正義感が強く、凝り性で、仕事熱心といった特徴が両方のタイプにみられます。

一方、両者の違いを言えば、まずメランコリー親和型性格のほうは、保守的で、秩序やルールに忠実であり、他人に対しても献身的で、人に頼まれると嫌だと言えない、相手と対立するような場面では、自分から折れる傾向があります。

他方、執着気質の基本は、「感情の経過の異常」にあるとも言われています。つまり、一度起こった感情が、時とともに冷却することがなく、長くそれが持続することを意味しています。したがって、作業チーム内での他のメンバーの不徹底さには、嫌な感情を抱き、それが続いてその人との関係性までぎこちなくなってしまうことがあります。

さまざまな状況で「幕間」はありますが、その時にも、ぜひ**自分自身の性格をゆっくりと分析していただきたい**と思います。

COLUMN
## 空海はうつ病だった？

筆者は、高野山大学大学院の修士論文として「空海の精神医学的研究」を提出し、審査に通り「修士号（密教学）」をいただいた。筆者は、この論文の中で、「空海は少なくとも3回はうつ、あるいは、うつ病であった」という大胆な仮説を証明しようとした。一部に批判があるのは承知の上で、やや詳述させていただくことにする。

その理由は、「人間空海でさえ『うつ』にはなる」ことから、うつ（うつ病）への誤解や偏見を取り除きたいという「精神科医の立場」からと、抗うつ剤のない時代、やはり空海だからこそ、うつ（うつ病）を乗り越えていけたのだという「空海の大ファン」の立場が交錯しながらの文章になるためだ。

この私の仮説は、「空海には三回ほど重篤な疾患に罹り、死を思っていた時期があると言われている」という松長有慶氏の文章に大いに触発されたものだが、氏の書籍には、それ以上は記されていない[4]。

うつ病になりやすい性格（うつ病の病前性格）については、「メランコリー親和型性格」と「執着気質」があることは本章で触れた。両者は共通性が多く、具体的には、几帳面、律儀、綿密、きまじめ、責任感や正義感が強く、凝り性で、仕事熱心といった特徴がある。

空海は少なくとも、これらの性格特性の多くを有している。たとえば、帰朝して太宰府滞在中に、唐より持ち帰った経典・曼荼羅・仏具などをひとつひとつ確認しながら書き留めた『御請来目録』の緻密さは、前述の「几帳面、律儀、綿密、きまじめ、責任感や正義感が強く、凝り性で、仕事熱心といった特徴」と重なり、まさに空海の性格そのままを表している。

一方、最澄に資料を貸したり、さまざまなところから頼まれて上表文を書いたりしている空海の行動は、人に頼まれると嫌と言えず、他人に対しても献身的というメランコリー親和型性格と合致している。

　しかし、メランコリー親和型性格には「保守的で、秩序やルールに忠実であり」という性格特性がある。果たして、空海は本当に保守的で、秩序やルールに忠実であったのだろうか？　これについては、大学に入った空海が、そのままレールに乗って生きていけば、役人として、「そこそこの安定した生活」が約束されていたにもかかわらず、その道を捨てたことはよく知られている。これは、メランコリー親和型の「保守的で、秩序やルールに忠実である」特性には、まったく当てはまらないと言える。

　もうひとつの両者の違いを言えば、メランコリー親和型性格では、相手と対立するような場面では、自分から折れる傾向がある。しかし、空海は、たとえば最澄との修道観の違いでは、自分から折れることはなかった。その意味では、むしろ、空海の性格は、「メランコリー親和型性格らしくない」とさえ言える。

　ここで改めて、下田光造が指摘した執着気質の特性を確認する。[5] 下田によれば、「執着気質」とは具体的には、几帳面、きまじめ、責任感や正義感が強く、凝り性で、仕事熱心といった特徴がある。さらに執着気質の人は、ごまかしや、大雑把なことを嫌い、何ごとも徹底的にやらなければ気が済まないので、他から確実な模範人として評価されるという。

　これらは、空海の著作・理論構成の緻密さや、正確さの背景として考えられる性格要因を意味している。責任感や正義感が強いため、頼まれたことが正しいと思ったら断らず、たとえば満濃池《まんのういけ》の修復や、綜芸種智院《しゅげいしゅちいん》の創設なども受けたら敢行し、貫きって結果を出している。さらに、自ら筆も作り、寺の修繕や、曼荼羅の修復なども徹底的にやっている点など、まさに「凝り性で、仕事熱心」と言うべきだろう。

一方で、この執着気質の基本は、「感情の経過の異常」にあるとも言われている。つまり、一度起こった感情が、正常者のごとく、時とともに冷却することがなく、長くその強度を持続し、あるいはむしろ増強する傾向を持つというのである。実は空海には、このような感情が持続し徐々に高じていく面があり、その様は、最澄と空海の訣別の経緯として必ず取り上げられている。

空海は初対面のかなり前から、最澄の要請に従って快く経典などを貸していた。最澄が空海に経典借用を申し入れた現存する最も古い年時の書簡は、大同４年（８０９年）８月24日付けのものである。このような経典借用は、その後かなりの数に上っていったが、最澄の手元に数年間置かれたまま、書写が終わらないケースが多くなり始め、空海は徐々に不快に思い始めてきた。

弘仁７年（８１６年）５月１日に最澄が、空海の所に留まっている弟子の泰範《たいはん》に出した未練がましい手紙に対して、「泰範言う。……」から始まる手紙を、空海が代筆している。この中で、最澄を最大限に持ち上げた慇懃無礼さには、最澄ならずとも怒りを覚えるだろうと、佐伯有清も指摘している。(6)

慇懃無礼さは、最澄への不快感が高じていたことの裏返しの表現である。そして泰範（空海）は、「敢えて管見を陳《の》ぶ（敢えて狭い意見を申し上げます）」と、空海の宗教論を展開している。このように、最澄への否定的な感情が持続し、徐々に昂進している様が、「執着気質」の基本である「感情の経過の異常」に一致していると言えるのである。

改めて空海の性格を言えば、従来のうつ病の病前性格論から考察すれば、それはかなり典型的な下田の「執着気質」と言えるということである。

# 04 対象喪失と悲哀の仕事

精神分析学の始祖フロイトは、1916年に『悲哀とメランコリー』を発表しました。それによれば、「悲哀」は愛する者という現実的な事象だけでなく、（時代背景も重なるのか）祖国・自由・理想などのような抽象的なものも含めた喪失に対する反応であると定義されています[7]。

わが国の最も優れたフロイト研究者である小此木啓吾は、これを展開させ、**「対象喪失」**を3つに大別し、その後の「悲哀の仕事」について詳しく説明しています。

まず対象喪失の第1の意味は、フロイトの「悲哀」に近い概念で、現実的・外的な意味だけでなく、心理的・内的な意味の「もの」を失くすことであるとされています。たとえば親しい人との死別や、失恋や、喧嘩をして友情関係を失ったり、子どもが成人して家を出ていったり、娘が嫁いでいったり、なども含まれることになります。

対象喪失の第2の意味は、自己を一体化していた環境・地位・役割を失うことです。具体的には、住み慣れた環境や故郷からの転居や別れ、定年退職や転勤、卒業や転校なども含まれています。

そして最後に、対象喪失の第3の意味は、自分自身の機能や体の一部を失う場合を言います。けがをして身体の一部や機能を失うことはもちろんですが、生活習慣病などに罹患して仕事上や日常生活の制約を受けたり、性欲や野心などを失ったりする場合も含まれています(8)。

その流れで言えば、**第1章**に出てくる「定年退職」は、当然、第2の意味での対象喪失ということになります。仕事一筋で真面目に働き、職場に過剰適応し、仕事人間というアイデンティティを持つくらいに、働くことが生き甲斐になっていた者にとっては、この「定年退職」は大きな喪失感になるのです。

実際に定年退職する前に、「あと◯年で定年だ」と予期することも、喪失感の予期であり、とりあえず否認している方のほうが多いと思います。しかし、**できれば予期している段階で、つまり「幕間」の時期に、この事実を正面から考えていただきたい**と思います。

さて、小此木によれば、このような対象喪失に際して、さまざまな情緒状態が続くのですが、その一連の心理過程は**「悲哀の仕事」**と呼ばれています。

この「悲哀の仕事」の最初の段階は「否認」です。具体的には、「まさか」とか「そんなバカな」という思いです。その後、次の「現実検討」の段階へは、「否認」と「受容」の間を交錯しながら徐々に移行していき、現実検討がなされた時点から、真の「悲哀の仕事」が始まることになるのです。

後述する『5　がんの受容と治療中の心理』に示した図2（78ページ）がこれに酷似していることがわかります。この時間こそ、本書がいう「幕間」であり、この「幕間」の時間に、以下のようなさまざまな心理過程が進んでいくのです。

「悲哀の仕事」が始まると、まず一時的にせよ、失った対象に対する「執着」が高じたり、失った対象への「理想化」が始まったりします。定年退職後にも会社での有能ぶりを自慢げに語ったり、名刺をいつまでも持ち続けたりする行為も、この心理機制の現れです。

一方、「なぜ自分は、退職というつらい目に遭わなければいけないのだ」という「怒り」の感情も現れ、本来の対象ではない相手に八つ当たり的に向かう時には、「置換」という防衛機制が働いていると解釈されます。最近は、窓口で怒鳴っている高齢者を見ることも稀ではありませんが、この「怒り」の「置換」が起こっていることも多いのだろうと思われます。一方で、相手を責めるばかりではなく、自分に向かう「自責」や「後悔」もみられ、わがままになっていく「退行」も観察される場合があります。

しかし、どんなに誤魔化そうとしても忘れようとしても、現実的な状況は少しも変化しないし、自分が定年退職したことは事実なのだと認識するようになり、少しずつ「抑うつ」という最終的な段階に進んでいくことになります。

そんな心の溝を埋めようと、急に元気になって活動的に見える**「躁的防衛」**もみられ、ボランティア活動に関心を持ったり、スポーツや趣味に打ち込んだりする場合もあります。

けれども、現役時代のように、目標を持って突き進んでいた時のような充実感や満足感は見出せずに、焦りだけが募っていくことが多いようです。**第1章**で登場したLさんには、まさに「躁的防衛」の行動がみられました。そしてとうとう、このような焦りも無駄だとわかり、最終段階の「抑うつ」を呈していきます。そして、その病的な状態が「(退職後、定年後) うつ病」ということになります。

改めて言いますが、このような**「(退職後、定年後) うつ病」を蹴散らすには、定年前の「幕間」をどのように過ごすのかを考えるのが大切**で、それこそが本書の狙いなのです。

**Point**

仕事が生き甲斐だった人にとって、定年退職は大きな喪失感になる。定年前、すなわち「幕間」の時期に、その事実を正面から受け止め準備しておく必要がある。

# 05 がんの受容と治療中の心理

患者ががんを告知されると、図2で示すように、受容と否認の間を行ったり来たりしながら、やがては、がんを受容するようになります。がんを受容するというのは、がんの治療に同意して治療を受けるということになります。

多くの場合、手術、放射線療法、化学療法が主体になって、あるいはそれらの組み合わせによって治療を受けることになります。いつまで経っても（2、3週間と言われています）そこに到達できない場合を、精神医学では「適応障害」と呼んでいます。

それぞれのがんによっては、学会や学術団体などにより「標準治療」が決まっていて、1年かかるものもありますが、多くの場合はそのくらいでいったんは治療が終了します。そして検査の結果、がんが落ち着いているようならば、その後は数カ月ごとの診察と検査などを受ける「経過観察の時期」になります。

このように治療が始まってからのほぼ1年間は、最初は無我夢中になっている時ですが、やがて患者さんの頭の中ではさまざまな考えが起こります。ほとんどは『**ネガティブ思考**』です。「再発した、どうしよう？」とか「子どもを残して死ねない」とか、泣き続けることもあります。

個人でカウンセリングを受けることもあるでしょうし、他の患者さんと出会って話し合うこともいいでしょう。インターネットで情報を探していると、悪い情報ばかりが目に入ってくることが多いようなので、あまりお勧めしません。

私はサイコオンコロジー（精神腫瘍科）の専門家なので、表2のようなさまざまな心理療法や運動療法を駆使しています（詳しくは拙著①『がん

**図2　がん告知から受容／否認を経て適応へ**

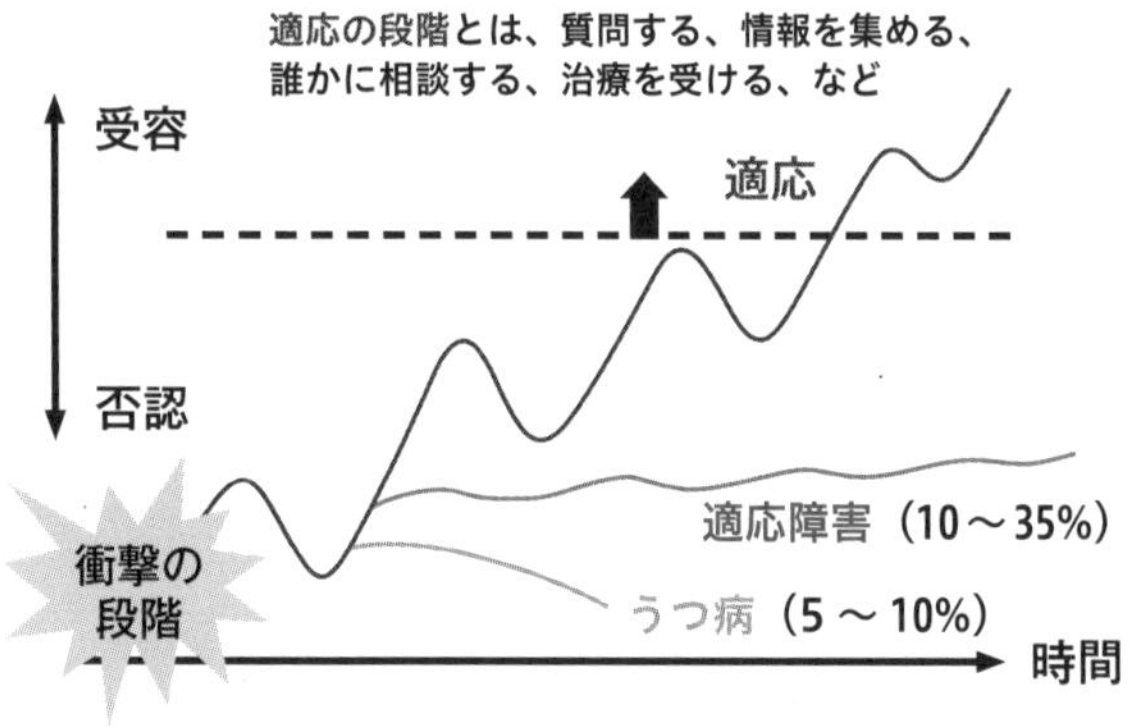

だけど、素敵な話』海竜社、２０１９、②『がんと共存ちょっと癒される話』さくら舎、２０２０、などをご参照ください)。

特に、仕事をしている方にとって、がんと言われた途端に『退職届』を出して辞めてしまう方が10年前までは多かったのですが、「がんと就労」が厚生労働省の基本テーマとして取り上げられてからは、仕事との共存方法を一緒に探すようにしています。

多くのがんの場合、１年間は休職を余儀なくされることが多く、確かに不安が続いてしまいます。また、仕事をしていない方にとっても、同じ期間の治療が続き、さまざまな不安が浮かんでくるようです。

私は**この治療の期間を「幕間」として捉えて、今後の人生についての話し合いをする**ことにしています。

**表２　サイコオンコロジーでの心の治療**

| | |
|---|---|
| ・個人カウンセリング | ・問題解決技法 |
| ・夫婦カウンセリング | ・良かったこと・悪かったことリスト |
| ・家族カウンセリング | ・グループ療法 |
| ・認知療法 | ・マインドフルネス瞑想 |
| ・論理療法 | ・運動療法の処方 |

がんになったら、まず多くの方は「原因」を探そうとします。たとえば、「何か悪いことでもしたのだろうか？」とか「悪いことをした罰として病気になったのか⁉」などです。

しかし、がんは遺伝子、環境、食べ物、大気汚染、ストレス、その他多くの因子が関係する病気、すなわち「多因子疾患」ですから、原因はわからないことが多いのです。だから、考えても仕方ない……それより、むしろ、がんになった「意味」を探してみましょうよ、と問いかけます。がんになった「意味」……さあ、どんなことが考えられるでしょうか？

患者さんたちの答えは、「過労気味だったから、一休みしろ」という意味かもしれません。「家族間で、もっと結束しろ」という意味でしょうか？「夫婦間で、もっと仲良くしろ」という意味なんでしょうかねえ？「これまでの自分の生き方を考え直せ」という意味かもしれません。答えはさまざまです。ぜひ、患者さんやご家族には考えていただきたいと思います。

　また、がん患者さんたちは、**「早く死にたくない」**とか**「長生きしたい」**と漠然とおっしゃる場合がよくありますが、お気持ちはわかりますが、こればかりは、主治医でも神様でもわかりません。私は、むしろこのように望んでいる患者さんには、**絶対に生きなければいけない「理由」や「目標」を明確にしましょう**と言います。

　自分が、たとえば10年間生きなければならない「理由」を答えるのは難しいです。ある人が、「10年後には、夫が単身赴任から帰ってくるからです」と答えたら、「明日にも会いに行ったらどうでしょうか？」と言ってあげます。でも、本当に、10年間生きなければいけない「理由」がある人もいると思いますので、これ以上は触れません。

　これに対して、絶対に生きていたい「目標」となると回答しやすくなります。たとえば、息子が結婚するのを見届けたい、娘のところに孫が生まれるのを見たい、孫が成人するのを見届けたい、などさまざまな目標があがってきます。これはこれで生きる気力や元気が出てきますので、この時点では、強く励ますことにしています。

しかし、このように**短期的・中期的な目標**を立てるのは、生きる勇気や元気を与えてくれるので良いことだと思いますが、「目標」だけだと、いつか達成されたら次の「目標」を次から次へと探さなければなりません。そのために、中長期的な目標を立てながら、ここでは、ご自分の生きる**「価値観」**とか**「方向性」**を考えてください、と言います。正解はないその質問への回答には時間がかかりますが、ぜひ考えてみてください。

これまでの回答例は、

- **周囲の人と感謝し合える人生にしたい**
- **「愛し合える家族」を追求したい**
- **人の役に立てる人生にしたい**
- **与えたり、分かち合えたりする人生にしたい**
- **「愛」について考える人生にしたい**

などで、やはり愛に関係する人生にするのが、生きる「方向性」としては正しいのかなあと思っています。

一方、これとは別に、「心的外傷後成長（Post-Traumatic Growth）」という概念があります。危機的な出来事に続き、もがき・闘いの結果生ずる新たな世界観への成長がみられるというものですが、具体的には、

**①他者との関係：人に対しての思いやり**
**②新たな可能性：新しい道筋**
**③人間としての強さ：自分への自信**
**④スピリチュアルな変容：宗教心など**
**⑤人生に対する感謝：命の大切さ**

などが指摘されています。(9)

いずれにしても、**急性期から1年間ほどのがんの治療期間は、「幕間」の時間に相当**します。だからぜひ、この時期に、「人生の第2幕をどのように生きるのか」を考えてほしいのです。

Point

がんの治療が始まると、頭の中にさまざまな考えが浮かんでくる。患者や家族は治療の期間を「幕間」として捉え、がんになった「原因」ではなく、がんになった「意味」を考えていきたい。

# 06

# グリーフワーク

悲哀（mourning）と悲嘆（grief）は似た言葉です。一般的には、悲哀のほうが日常的に生ずる軽度のものであり、悲嘆のほうが肉親を亡くすような強い悲しみを伴ったものを連想します。悲哀（mourning）は、フロイトは広い意味で使っていますが、一方で、悲嘆（grief）と言った場合、普通は近親者を亡くしたような場合に使われることが多いようです。この悲嘆（グリーフ）の際に、心のなかで起こっている心理課程のことを**「グリーフワーク」**と言い、いくつかの理論が提唱されています。これを説明する理由は、この「グリーフワーク」が幕間の時間に相当するのですが、**意外に長いということと、生活をともにしていたほどの大切な方を亡くすという大事件**なので、**この課程でこそ、今後の「第２幕」を考えていただきたい**からです。

## グリーフワーク（リンデマン）

死別後数日から数週間の短期間の心理状態に着目したのが、アメリカの精神科医リンデマンです。彼は、火災で亡くなった方の遺族をサポートした経験から、多くの共通した状況がみられることを指摘して、「急性悲嘆反応」と名付けました。そして、それ

**表３　正常な悲嘆**

| |
|---|
| **①身体的症状**<br>身体的苦痛感、息切れを伴う窒息感、ため息、胃の空虚感、筋肉に力が入らない、など<br>**②生理的症状**<br>呼吸困難感、疲労感、消化器症状<br>**③心理的症状**<br>故人の幻影にとりつかれること、自責感、怒り、など |

(10)より改変

を「正常な悲嘆（normal grief）」と「病的な悲嘆（morbid grief）」に分類しています。

正常な悲嘆でみられる諸症状を表3に示します。

そして、リンデマンは、このような反応を表す人は、故人への束縛から解放され、故人のいない環境に再適応し、新しい関係を形成していく「グリーフワーク」を行う必要があると言います。そして多くの場合、約4～6週間のうちに激しい悲嘆反応は治まると指摘しています。

一方、病的な悲嘆反応は、リンデマンによると、表4のように分類されています。[10]

この病的な悲嘆反応と、薬物療法が必要な「うつ病」との鑑別が非常に難しいケースがたくさん

**表4　病的な悲嘆反応**

| |
|---|
| **第1群：遅れて生じた悲嘆反応** |
| **第2群：歪曲した悲嘆反応** |
| ・故人の病状と似た症状の出現 |
| ・故人の死に近接した身体疾患・心身症の発症 |
| ・社会的孤立の持続や、付き合いの変化 |
| ・故人の死に関係した特定の人への敵意 |
| ・統合失調症様の固い形式的な行動 |
| ・社会的な交流様式の変化の持続 |
| ・自らの社会的立場や経済状況に対する不利な行動 |
| ・焦燥感を伴ったうつ病 |

(10)より改変

あるのも現状です。

また、がん患者の家族にとって、患者さんの終末期の状態については「この人を亡くしたらさぞや寂しいだろうなあ」と患者の死を予期して、改めてしみじみした気分になり悲しむことがあります。それは通常「**予期悲嘆**（anticipatory grief）」と呼ばれていますが、実は、予期悲嘆について最初に言及したのもリンデマンなのです。この段階で、患者さんの家族が十分な予期悲嘆を意識して体験することは、実際に患者さんを亡くした後で、病的な悲嘆反応を予防するのに役立つと言われています。

## グリーフカウンセリング（ウォーデン）

リンデマンが指摘した「グリーフワーク」は、特に、がん診療と関連させて、ウォーデンによって「グリーフカウンセリング」として受け継がれています。

グリーフカウンセリングは、ホスピスや緩和ケア病棟などで意欲的に行われていたり、特別な団体やプログラムによって行われたりすることはありますが、一般的な施設ではまったく行われていないのが現状です。

しかし、大切な人を亡くした後1年間は、精神疾患や身体疾患に罹患する率が高くなったり、死亡率が高くなったりする時期であることがわかっているため、その意味でも、情緒的なサポートが必要であると思います。

実際にウォーデンは、グリーフカウンセリングの目標を、

**①喪失の現実感を強める。**

**②言葉になった感情と、言葉にならなかった感情の、両方を処理できるように援助する。**

**③喪失後のさまざまな障害を乗り越えて再適応できるよう援助する。**

**④故人に対し「サヨウナラ」を適切に言えるよう援助する。**

などとしています。

さらに、グリーフカウンセリングの原則を表5に示しました[11]。

### ●悲嘆のプロセス（パークス）

精神科医であるパークスも、悲嘆をプロセスとして捉えています。具体的には、①

## 表５　グリーフカウンセリングの原則

**１ 現実検討させる**
具体的には、いつ・どこで・どんなふうに亡くなったのかを質問し、喪失体験を話させる。これには３カ月間くらいの時間が必要だとも言われている。

**２ 感情を認知させ表現させる**
悲しみが主テーマであるが、怒り・罪悪感・不安・無力感などが問題になることも多い。

**３ 実生活上の援助をする**
死別によって生ずる役割の変化などに適応できるように援助する。

**４ 情緒的リロケーションを促進する**
亡くした家族に向けていた情緒的なエネルギーを他の対象に向けるよう援助する。

**５ 悲哀の作業のために時間的猶予を与える**
死別後３カ月目・１年目には会う機会をつくる。

**６ 「正常な」行動であるという解釈を与える**
死別後さまざまな情緒状態や行動がみられるだろうが、そのほとんどが正常な反応であることを説明する。

**７ 個人差があることを認める**
死別後の心理過程は人によってさまざまであり、外から見える行動も一律ではないことを前提とすべきである。

**８ 心理的援助は継続すべきである**
死別後少なくとも１年間くらいは援助すべきであり、必要なら自助グループを紹介する。

**９ 心理的防衛機制や対処様式を分析する**
死別の悲しみをどのように処理しているのかを分析し、酒やクスリで処理しているようなら修正していかなければならない。

**10 病的な悲哀反応を見つけたら専門医を紹介する**

(11)より改変

**心の麻痺、②切望、③混乱と絶望、④回復**、という4つのプロセスを提唱しています。

臨床的に特に重要なのは、これらは**段階的に次に進んでいくのではなく、行ったり来たりしながら進んでいく**としている点です。

さらに、悲嘆のプロセスは個人により異なるわけですが、その決定要因についての研究がパークスの場合は有名です。たとえば、「予期しなかった死亡の場合には、悲嘆の度合いが強い」とか、当然ではありますが、「愛着の強い人を亡くした場合には、悲嘆の度合いは強まる」ことなどを具体的に指摘しています。[12]

## ●配偶者を亡くすことと一周忌

配偶者を亡くすのは、人間にとって最も大きなストレスです。そのグリーフワーク（悲嘆の仕事）を通して、愛する対象を亡くした深い悲しみを乗り越え、新しい環境に再適応しなければならないのですが、この過程で、さまざまな病気が起こる可能性も高いようです。

最も多いのが、うつ病ですが、心の病気ばかりでなく、体の病気になること（この場合を心身症と言います）も多いし、突然死などもあり得る時期になります。

米国ロチェスター工科大学の研究チームは、１９１０年から１９３０年に生まれた既婚者の記録を使い、夫婦間での互いの死亡が、遺された相手方に与える関係性について研究しました。その結果、妻を亡くした男性は、男性全体の平均余命よりも早死にする可能性が30％高いと報告しています。また、こうした傾向は、夫を亡くした女性には見られなかったそうです……男性にとっては、なんともショッキングな男女差です。

このような男女差がある理由について、研究リーダーは「男性の場合、配偶者の死に対して準備ができていない場合が多い。男性の場合には、物理的かつ精神的に世話をしてくれていた人を失うと、その喪失が健康に直接影響を与えるのに対して、夫を亡くした女性に同様のことが起こることは少ないからだ」と説明しています。

一方で、ノルウェーの研究グループは、結婚している人１８０万人余を32年間にわたって追跡し、結婚歴と死亡に関する情報を集め、生存率について分析しました。その結果、配偶者の死から1年間に亡くなる危険率は、妻を亡くした男性で1・34倍、夫を亡くした女性で1・29倍だったそうです。つまり、ノルウェーでは、男女とも、配偶者を亡くした後1年間では死亡率が高いことがわかったのです。

しかも、配偶者を亡くした1年間の死亡危険率は、60歳から64歳で最も高く、男性で1・78倍、女性で1・50倍となっていたそうで、その後は年齢が上がるにつれ徐々に差が少なくなり、85歳から89歳の時は男性で1・24倍、女性で1・25倍とほぼ男女差はなくなるようです。

つまり1年間のグリーフワークを死なずに無事に切り抜けた者が、やっと、一周忌を迎えることができるということになるのです。一周忌は葬式と比べて、ごく内輪の人間だけが集まって営まれます。墓参りをして、故人を偲んでもう一度泣いて、食事をしながら思い出話や近況を話し合って、「ではまた。お元気で」と別れます。

前述のように、大切な方を亡くした場合、1年間は死亡したり、病気になりやすかったり、という医学データを知るにつれて、私の中で、一周忌には別の意義があると思えるようになりました。

ごく近しい人間だけが集まるというところが大事なところです。お互いに顔を合わせ、顔色が悪くないか、痩せていないか、元気があるか、なども含めて、互いの健康を確認し合うような意義があるのではないかと思うようになりました。そして、変化があれば声をかけ合うのです。

めでたく1年間が過ぎると、グリーフワークはさらに進み、医学的にも死亡率などが減少するので、一周忌は「味わい深いセレモニー」と言えるでしょう。

もちろん本書で扱っている「幕間」の時間は、一周忌を過ぎても続くことがありますが、できればこの1年で終わればいいと思います。**一周忌の集まりの翌日からは、「さあ、元気を出そう」と「第2幕」の一歩を踏み出していただきたい**ものです。

注

（１）Homes, TH. & Rahe, RH.: The social re-adjustment scale. J Psychosom Res 11: 213-218, 1967

（２）夏目誠、村田弘：ライフイベント法とストレス度測定．Bull. Inst. Mental Health 42(3): 402-412, 1993

（3）リンダ・グラットン＆アンドリュー・スコット：ライフ・シフト　100年時代の人生戦略．東洋経済新報社（2016）
（4）松長有慶：密教―21世紀を生きる．p202-213、法蔵館（2002）
（5）下田光造：躁鬱病に就いて．米子医学雑誌2．p1-2（1950）
（6）佐伯有清：最澄と空海―交友の軌跡．p172、吉川弘文館（1998）
（7）フロイト、S．（井村恒郎翻訳）：悲哀とメランコリー．フロイト著作集6 自我論・不安本能論．人文書院（1970）
（8）小此木啓吾：対象喪失―悲しむということ．中公新書（1979）
（9）カルボーン、L．G．＆テデスキ、R．G．（宅香菜子・清水研監訳）：心的外傷後成長ハンドブック．医学書院（2014）
（10）Lindemann E: Symptomatology and management of acute grief. Am J Psychiatry 101: 141-148, 1944
（11）ウォーデン、J．W．（鳴澤實監訳）：グリーフカウンセリング．川島書店（1993）
（12）パークス、C．M．（桑原治雄・三野善央訳）：死別　遺された人たちを支えるために．メディカ出版（1993）

COLUMN
# オットーという男

暇な休日で家族もいない時に、手持ち無沙汰になり、「たまには映画でも見よう」とつぶやきながら、アマゾンプライムの無料版の映画コーナーの一番上にあった『オットーという男』という映画を見始めました。最初は声もなく、「つまらなそうだなあ」と心でつぶやきながら見ていると、なんと、一人暮らしっぽい男性の老人が、ガランとした部屋の中で、首を吊ろうとしている場面に気付き、しっかりと画面を見始めました。

主役は、なんと、あの『ターミナル』で大ファンになった、年とった役の「トム・ハンクス」でした。

オットーは最愛の妻に先立たれ、仕事もなくした一人暮らしで、町内では嫌われ者です。いつも不機嫌そうな表情で、近所を毎日パトロールしてはルールを守らない人に説教をしています。野良猫に八つ当たりしたり、挨拶をされても仏頂面だったりという、なんとも面倒で近寄りがたい老人の役です。

私の言う「グリーフ」であり「一人老後」です。そんな彼が人知れず抱えていた孤独のために、自殺企図《きと》をしますが、向かいの家に越してきた明るい家族に邪魔され、止められてしまいます。それも一度じゃなく二度、三度も……。

陽気で人懐っこくお節介な奥さんは、オットーとは真逆の「あっけらかんとした性格」で、小さい娘たちの子守や苦手な運転を、オットーに平気で頼んできます。難しい顔をしながらも、オットーはそれに応えていきます。眼の前に引っ越してきた若い迷惑一家の出現により、死にたい気持ち（これは専門的には希死念慮《きしねんりょ》と言います）を持っていたオットーに笑顔が戻っていきます。

最愛の妻に先立たれた老人、一人暮らし、うつ病、希死念慮、自殺企図、自殺未遂……これは私の仕事とは無縁ではない世界のドラマでした。

涙を拭いながら「いい映画だったなあ」と感動して一夜明け、保坂サイコオンコロジー・クリニックの臨床が始まります。その日に初診でやってきた女性が、「半年前に夫が亡くなり、夫に依存していた私は、もう生きていても仕方ないし、死んじゃってもいいと思っています」と言うのです。

最愛の夫に先立たれた女性、一人暮らし、うつ病、希死念慮……など、昨日見た映画のオットーにそっくりなシチュエーションだったのです。『引き寄せ』とでも言うのでしょうか？　私の人生にはこのようなことがよく起こります。

私はまず、昨日見た『オットーという男』の映画の話をして、今夜見るように伝えました。翌週いらっしゃった患者さんは、感動しながら、「明日、娘が仕事で関西に行くので一緒について行こうかと思います」と言ったので、「関西まで行くのなら、思い切って一人で高野山に行って、奥の院でしっかり泣いてきて、宿坊で静かな一夜を過ごし、翌朝は朝の『おつとめ』にも加わってきてください。また来週来てください」と矢継ぎ早に指示して、その後も毎週カウンセリングに来ていただいています。

この患者さんが**第1章**に登場していただいたKさんです。Kさんには引き続き3つのことを勧めました。1つ目は、運動習慣を身に付けることです（結局、トレーナーさんについて週3回の筋トレを始めました）。2つ目は、何か勉強を始めることです（結局は、大卒の方で2つ目の大学に合格したのですが、僧侶からマンツーマンで仏教について学ぶ決心をしました）。3つ目は、それ以外に何かの趣味を持つことです（結局は、ご主人から教わったギターを取り出して、音楽療法士について練習することにしました）。

『オットーという男』の映画から、実際の患者さんを一人救うことができそうです。

第3章

# 幕間でステップアップ

Q

年をとったのと生活習慣のせいか、太ってきました。まだまだ元気に働き続けたいのですが、今の生活をそのまま続けるのはよくないような気がしています。今が「幕間」の時期だとしたら、何をやっておくべきでしょうか？

A

まずは健康を維持すること。栄養と運動に気を配り、人間ドックや特定健診、がん検診を定期的に受けましょう。同窓会に出て過去の自分を振り返ったり、資格を取ったりするのもお勧め。そして知的好奇心を持つことが人生後半を豊かにしてくれます。

さて、さまざまな人には年齢的に、あるいは病気などの治療にせよ、「幕間」があることを説明してきました。ここからは、「幕間」の時間に第2幕を考えるのに役立つ実際的な面を考えていこうと思います。本章では、自分自身でできること、自分を磨くこと、自己研鑽について提案していきます。

# 01 健康を維持する

## 日本人の平均寿命

厚生労働省が発表した令和４年分の簡易生命表によると、令和4年における日本人の平均寿命は、男性が81・05歳、女性が87・09歳となり、前年と比較して男性では0・42年、女性では0・49年下回りました。平均寿命が前年を下回るのは、令和3年に続き2年連続で、下回り幅は令和3年よりも拡大しているそうです。

厚生労働省の分析では、平均寿命の前年との差を死因別に解析すると、男性では悪性新生物などの死亡率が減少し、平均寿命を延ばす方向に働いているそうですが、男女とも新型コロナウイルス感染症、心疾患（高血圧性を除く）、老衰などの死亡率の変化が平均寿命を縮める方向に働いているとのことでした(1)。

厳密な話をすると、ここで言う「平均寿命」とは「各年における0歳児の平均余命」を指すので、「令和4年に生まれた女性は、社会情勢などの大きな変化がない限り、平均的に87・09歳まで生きられる」ことを意味しています。だから、「令和4年時点で亡くなった女性の平均年齢が87・09歳」という意味ではないし、ましてや「平均寿命－自分の年齢」で「あと何年生きられる、あと何年の命だ」と余命期間がわかるものではありません。平均は平均、自分の寿命は自分の寿命、と考えるのが正しい考えです。

ちなみに、令和4年で女性75歳の方の平均余命は15・67年、男性75歳の方の平均余命は12・04年ということになっています。つまり、令和4年で75歳になった方たちの平均余命は12～16年くらい、つまり90歳頃までは生きるということを意味しています。ここに、わが国での高齢者の問題がありますが、それはここでは問題にしません。

このように平均寿命が延びて長生きになったのですが、世界保健機関（WHO）は新たに、「健康寿命」という概念を提唱しました。

## 平均寿命より健康寿命

「健康寿命」とは、寿命の中でどれだけ「健康な期間」があるのか、という意味です。具体的に言えば、介護を受けたり寝たきりになったりせずに、自分だけで日常生活を送ることができる期間のことです。

WHOが発表した世界保健統計2023年版によると、日本人の健康寿命は74・1歳で、平均寿命同様、こちらも世界第1位です（男性72・6歳、女性75・5歳で、男女ともに1位）。

改めて、厚生労働省の最新データによると、令和4年における日本人の平均寿命は、男性が81・1歳、女性が87・1歳でした。

平均寿命と健康寿命の話をしてきましたが、ここで注目すべきなのは、その〝差〟です。平均寿命と健康寿命には、男性で8・5年（81・1－72・6）、女性で11・6年（87・1－75・5）という差があります。この差の年数分というのはすなわち、「不健康な期間」を表します。男性は約9年、女性は約12年にもわたって、健康上で何からの問題を抱えながら日常生活を送っている、ということになります。

もう少し別の視点で考えると、切実な問題が明らかになります。すなわち、「健康寿命が、男性で72・6歳」というのは、**もしも65歳が定年の男性の場合には、定年後に健康で暮らせる期間が7年間**しかないことになるのです。一生懸命働いてきて、勤め上げたら、7年後にはもう介護される状況になってしまうということを意味しています。

## 介護の理由としてのロコモティブシンドロームの予防

では、健康寿命を短縮させたり、終わらせたりする原因は何かについて考えてみましょう。厚生労働省や保険会社の調査によれば、脳血管障害・認知症・ロコモティブシンドロームの３つが、それぞれおよそ20％ずつを占め、三大原因になっているようです。ここでは、耳慣れないロコモティブシンドロームについて説明しましょう。

ロコモティブシンドローム（略して、ロコモと言うことがあります）とは、「運動器症候群」の意味で、日本整形外科学会が２００７年に提唱したものです。運動器とは、骨・関節・筋肉などの総称であり、そこの障害のことを言います。ここではロコモティブシンドロームの予防について考えましょう。

まず、加齢による骨のもろさと言えば「骨粗しょう症」という言葉が浮かびます。骨粗しょう症とは、骨の中がスカスカの状態になり、骨がもろくなる病気の状態を意味しています。ですから、わずかな衝撃でも骨折をしやすくなり、それが寝たきり状態のきっかけになることが多いのです。

予防策は、**栄養と運動**です。まず「栄養」では、カルシウム、ビタミンD、ビタミンKを多く含む食品を摂るようにしましょう。カルシウムを含むのは、**牛乳**、**乳製品**、**小魚**、**大豆製品**などです。ビタミンDを含むのは、**サンマ**、**シイタケ**、**キクラゲ**などで、ビタミンKを含むのは、**納豆**、**ホウレン草**、**ニラ**などです。ビタミンDに関しては、食物だけでは不足気味であり、**日光浴**により皮膚内で生成されることもわかっています。ですから、夏なら10数分間、冬になると数10分間の日光浴が必要だと言われています。もちろん日光浴は長すぎると、日焼けやシミや他の皮膚障害を起こすので要注意ですが、まったく避けているのもロコモの予防のためには問題があることになります。

最後に、骨密度低下を予防する「運動」とは、ウォーキング、ジョギング、エアロビクスなどで、**体重をかける運動**が骨密度増加のために有効だと言われています。ぜひ、膝に負担がかかりすぎないような運動習慣を始めていただきたいと思います。

栄養の大切さと運動習慣を考え合わせると、**「1日30分程度の散歩」**というのがロコモの予防に有効で、健康寿命を延ばす方法だと言えると思います。

## ●運動は心の健康にも有効

運動はロコモティブシンドロームの予防に有効で、健康寿命を延ばす方法だと説明した流れで、さらに運動の効用について説明します。

アメリカでは国民皆保険ではないので、すぐに医者にかからない（かかれない）し、薬代がべらぼうに高いので、処方箋をもらうことに関して、日本人とはまったく異なる対応をします。つまり、保険がない分、生活習慣を変えるなどして、自分で何とかしようとする「セルフケア」への関心が高いようです。運動も、たとえば肥満などに対しては、古くからそのような形で生活習慣に取り入れられてきましたが、ここにきて、うつ病や不眠症などの心の病気への効果が立証され始めてきたのです。

### ・運動の抗うつ作用

いくつかの研究を示します。まず、25人のうつ病患者さんをランニング群（有酸素運動）とウォーキング群（有酸素運動）に分けて運動させたところ、両群とも抗うつ効果がみられ、有酸素運動には抗うつ効果があることが示されました。

一方、99人のうつ病患者さんを、有酸素運動（早足、ジョギング）と非有酸素運動（筋トレ、リラクセーション、ストレッチ）に無作為に割付け、週3回、1回1時間、8週間の運動をさせたところ、両群とも抗うつ効果がみられたため、有酸素・無酸素運動にはともに抗うつ効果があることが示されました。

さらにブルメンタールらは、156名の50歳以上のうつ病患者さんを、①有酸素運動（週3回、45分間ずつ、ウォーキングかジョギング）、②薬物療法（SSRIという抗うつ剤）、③（①+②）の3群に無作為に割付けて、それぞれの治療を16週間行いました。その結果、3群とも、同じ程度にうつ病が改善していたそうです。その対象を10カ月後に経過観察したところ、どの群も臨床的に効果が持続していたことがわかりました。そのために研究者らは、有酸素運動は、うつ病に対して、SSRIという抗うつ剤と同等の効果を示す、と結論付けています。そのメカニズムは、運動によって、脳内のセロトニンの代謝が活性化されるためだろうと言われています。

**第1章**に登場したKさんは、グリーフワークの中で、ややもするとうつ病っぽくなるのを予防するために、「筋トレ」を始めました。

## ・パニック障害、認知症にも効果が

まず、79人の不安障害の患者さんを有酸素運動（早足歩き、ジョギング）と非有酸素運動（筋トレ、リラクセーション、ストレッチ）に無作為に割付け、週3回、1回1時間、8週間の運動をさせたところ、有意差は得られませんでしたが、両群とも不安得点は下がる傾向があったそうです。

また、カナダの大規模な住民を対象にした研究では、日常的に運動をしていた群では、「認知症」の発生が有意に低いとも報告されています。

運動が認知症の発症を抑制しているという報告ですが、実際、最近の脳科学では、運動によって脳内物質「IGF－1」（インスリン様成長因子）を介してBDNF（脳由来神経栄養因子）の分泌が促進され、ニューロンの回路を構築し成長を促すことで、脳の記憶と学習機能に重要な役割を果たすことがわかっています。

### ・がん患者への運動療法の試み

このように海外の研究によれば、うつ病に対してはスポーツや運動の効果を示す報告が多く、認知療法や薬物療法と同程度の効果があることを結論付ける研究もありますし、パニック障害に対する厳密な研究は、うつ病を対象とした研究と比較すると少ないのですが、やはり運動には抗不安効果があることがほぼ示されています。

しかし、うつ病や不安障害のような精神疾患を持つ患者さんに対して、抗うつ剤や抗不安薬などの標準的な薬物療法や、効果が認められている認知療法などに代わる治療法として運動を考えるのは早計であるかもしれません。日本は国民皆保険のため、保険診療で認められている治療法が優先されていますし、それが日常的に行われているのです。私が精神科の臨床をやっていた時には、その部分にはまったく疑問も感じないで処方箋を発行していました。

しかしこの数年間、がん患者さんに合併するうつ病や不安障害の患者さんを拝見していると、精神科の薬物療法をそのまま安易に導入することに躊躇《ちゅうちょ》する場面が多くなってきました。それは、患者さんが、抗がん剤をはじめとした多くの薬物療法を既に受けていて、しかも副作用でつらそうにしているのを見て、薬物療法以外の治療法を優先すべきだと考えるようになったからです。いわゆるカウンセリングをしながら、それに加えて運動療法を導入しようということにしました。

具体的には、好きな運動があるかどうかを質問し、その運動を、その方の体調を考え、できれば週3回くらい続けるようにと指示するようにしました。普段は運動していない患者さんには、診察室でスクワットを教えています。それでも抵抗感のある女性患者さんには、「森光子さんは80歳過ぎまでやっていました」と言うと、ほとんどの患者さんがスクワットを始めます。薬の処方箋と同じように、治療のための運動指示のことを「運動処方箋」と言います。そして実際に、うつ病は薬物療法以外の、運動療法でも良くなっていくことを確認しています。

ということは、日本でも国民皆保険はあるものの、医師は心の病気に対して安易に薬の処方箋を出すのではなく、よく話を聞き、適応ならば、「運動処方箋」を出してあげてもいいと、今は確信しています。

ちなみに、私は1998年にスポーツドクターの資格（当時は日本体育協会認定、現在は日本スポーツ協会認定）を取り、スポーツの普及を続けるだけでなく、スポーツを精神医学に導入するために、2002年に日本スポーツ精神医学会[2]を設立しました。

## ●人間ドックをカスタマイズ

人間ドックや特定健診などの定期検診もいいのですが、やはり**「がん検診」**は、たとえば40歳、50歳を過ぎたら忘れてはならないと思います。私も人間ドックを受けていましたが、その金額に比して「がん検診」の項目が少ないことが不安になってきました。これは57歳で、がん患者さんだけの精神科、すなわち精神腫瘍科をやってきた経験からでした。

「がんが見つかった時には既に全身に転移していて、治療方法がほとんどなかったんです」と言いながら、泣き続ける患者さんを見続けた私は、「手遅れになった状態でがんが見つかる」のは絶対に避けたいと思うようになりました。一般的な人間ドックには身長、体重、腹囲、視力などの検査も含まれるため、検査項目が多いように感じますが、「がん検診」のための項目は意外に少ないことに気付いたのです。60歳を過ぎてからは軽い高血圧のために降圧剤を近医からいただくようになったので、3カ月に1回は一般的な血液検査や尿検査はしていただけます。しかし、そこから先の「がん検診」は保険対象にはなりません。

患者さんから学んだことは、見つけにくいがんとは「症状が出にくいがん」だということです。そこで、膵臓がん、胆管がん、胆のうがん、肝臓がんなどの初期症状が出にくいがん検診には「腹部ＭＲＩ」（できれば膵管造影を含んだ検査）は必須だと思いますし、小さな肺がんチェックのためには「胸部ＣＴ」も有益だろうと思い、自分の誕生日近辺に「保険外」で検査センターで受けるようになりました。これに加えて、時々は胃がもたれることがあるので、保険診療の枠で胃内視鏡検査は近医で受けさせていただいています。症状がないので保険外になるのですが、大腸ファイバー検査もポリープなどを指摘されなければ2年か3年に1回受け、前立腺がんの腫瘍マーカーなども3年に1回くらい検査を受けるように『カスタマイズ』しました。

このような「がん検診」も、受ける前日にはドキドキします。しかし、もしもがんが見つかっても「1年以内の早期がんだろうから治療はできるはずだ」と思うことにより、不安を乗り越えるようにしています。

健康のためには、睡眠や運動のことを考え、喫煙、飲酒などの生活習慣を考え直す必要があるのはもちろんです。

COLUMN

## インターバル瞑想ウォーキング

脳を鍛えるための運動は、有酸素運動でも無酸素運動でも、どちらも有効なことがわかっています。有酸素運動とは息がハアハアするような運動のことで、まずは「歩くこと」から始めてみましょう。息がハアハアするくらいが理想ですが、まずは1日1回スーパーに歩いていったり、近所を散歩したりしてみましょう。きっと新たな発見や新たな出会いがあるかもしれません。ぜひご近所や住んでいる町を歩いてみてください。

インターバル速歩とは、信州大学大学院の能勢博特任教授が提唱された、速い歩き方とゆっくりした歩き方を交互に繰り返すものですが、ここではその間に「プチ瞑想」を入れて、「インターバル瞑想ウォーキング」を提案します。名付け親は、私です。

まず、スマホかタイマーで5分ごとに合図が出るようにします。〈ピッ〉5分間、背中にうっすらと汗をかくくらいの速度で一生懸命歩きます。〈ピッ〉5分間ゆっくりし、止まってもいいので呼吸を整えます。その時、空や雲、遠くの山、道ばたの花に心を奪われるようにしてください。空や雲、山、花を見て「きれいだなあ」と思うだけでプチ瞑想になります。〈ピッ〉また5分間の速歩です……これを6セットすると1時間（実際には30分間）のウォーキングになるのです。

# 02 「自分史」を作る

私は以前から、**50代には特別な意味がある**と思っています。それは50歳を過ぎた頃から、急に**『同窓会』**の通知が届くようになったからです。結局のところ、私の場合、大学、高校、中学校、小学校まで遡って出席してきました。大学に入る前は、ずっと地方の公立の小・中・高で、同級生のその後の人生はさまざまですが、一様に、50歳になると子どものことでは一段落ついて、仕事上でも一段落と言うか、余裕が出てくる頃なのでしょうか、これら同窓会の出席率はとても高いように思います。

さて、同窓会では、すっかり変わってしまった友人もいるし、昔の面影のまま、という友人もいます。そんな時に話題になるのは、その時代の自分自身（自分像）のことです。はっきり覚えている時代もあるし、ほとんど記憶が残っていない時期もあることに気付きます。

こういう過去の記憶を思い出す中で、人は自分自身のことを実際の姿よりも「少しずつ美化して」思い出にしているようなのです。たとえば「オレって野球うまかったよなあ？」と言うと、「ちがうよ。お前はいつも補欠だったよ」と誰かが答え、周囲の仲間が「そう、そう」と同意します。「オレってかけっこ早かったよなあ？」と言うと、「ちがうよ。お前はいつもビリだったよ」と誰かが答えます。

こんな感じで、**少しずつ美化した自分自身を修正**していく作業、すなわち「現実検討」が同窓会の第一の役割でありますが、**60歳以降の人生を考えるいい機会**にもなるのです。「そういえばお前、水彩画が上手だったよな」などと指摘され、昔好きだったことや、やりたかったことを思い出したりします。それが、学び直しや昔の夢の再チャレンジにつながるきっかけになるかもしれません。**第1章**の伊能忠敬です。

さらに、**定年後の人生に欠かせない人的ネットワークを築いたり、やりたいことを見つけたりするのに、同窓会を有効に活用**してみてはいかがでしょうか。

# 03 資格を取る

この「幕間」の時間には、第2幕で活用できるような資格を取るのが実際的だと思われます。資格取得講座の広告やCMが盛んなことからも、資格に対する関心は非常に高いことがわかります。そのため、1つだけでなく、2つ、3つと複数の資格を取得しているシニアも少なくありません。

でも、資格は取得したらそれで安心といったものではないのです。実際に使い、「現場力」とでもいうべきものを身に付けていかないと、いざという時に役立ちません。また、どの業界でも法律が変わるなどして仕事環境はどんどん変化していますから、取得したまま使わないでいると、いざ資格を生かして仕事をしようとした時に役に立たなくなってしまっていることも多いようです。

受講するにしても、通信制や夜間セミナーなども多いでしょうし、資格も私的なものから国家資格まであります。

いま、老後のために取りたい資格として注目されているのは、

**1　英語検定**
**2　パソコン関連の資格**
**3　福祉関連の資格**
**4　ファイナンシャルプランナー**
**5　医療に関する資格**

だということです。

**第1章**のIさんは、親の介護中に介護士の資格を取りました。看護師のMさんも、ケアマネジャー、医療事務、在宅看護指導士、産業看護師などの資格も目指すことにしました。Cさんも「整理収納や片付けの資格」を取りましたし、Dさんは2回目の挑戦で、「宅地建物取引士（宅建）」の資格を取りました。

# 04 大学院で学ぶ

## なぜ59歳で大学院に行ったのか

私はずっと精神科で臨床や研究をしてきましたが、57歳で一念発起して、大学教授を早期退職して、聖路加国際病院の中に「精神腫瘍科」を新設していただきました。

40歳くらいで留学から帰ってきて、アメリカで学んだサイコオンコロジー、つまり精神腫瘍学を中途で断念し、精神科医をやっていたので、人生の最後の仕事は「精神腫瘍科医」として精神腫瘍学を完遂させようと思ったからです。

当初は、それまで学んだ精神医学を、がん患者さんに応用すれば簡単、くらいに思っていましたが、これが大誤算。考えさせられることばかりでした。その理由は、精神腫瘍科が扱う患者さんは、全て、がん患者さんで、**「死」が究極のテーマ**で悩んで来られるからでした。

精神科医が、「死」と関係しているとしたら、自殺未遂とか自殺企図などを通してであることが多く、亡くなっていく人を看取る経験は非常に少なかったからだと自己分析しました。その気持ちは「緩和ケアチーム」の一員に配属されてから、特に強くなりました。昨日までお話しできていた方が、今朝、回診に訪れると、亡くなった直後だった、という経験も少なくありませんでした。

これは経験不足に加えて、**死生観**のようなものがしっかりしていないからだとわかり、宗教系の大学院で、しかも通信制のところをすぐに探し始め、それが「高野山大学大学院通信教育課程」であることがわかり、すぐさま受験勉強を始め、幸運なことに入学を許可され、うまくいけば2年間という大学院生活が始まったのです。与えられるテーマに関するレポートを28編提出し、パスすれば、最後に試験（これもレポート形式）を受けますが、仕事をしながらでしたので、スクーリングが不要な科目を選びました。

## 脳の活性化を自覚する

医者の仕事でも新しい論文を読んだり、学会で発表したり聴講したりの生活が欠かせませんが、宗教の勉強は生まれて初めてで、与えられるテーマの何もかもが、当時の私には皆目見当がつきませんでした。5月の連休にカリキュラムが届きましたが、たとえば「ウパニシアッド哲学について」「空海の著作2本を解説せよ」のようなテーマに関しては、まったく「ゼロからの出発」でした。その後、図書館に書籍の貸出しを申し込んだり、通販を通じて書籍を購入したりして、生まれて初めて「猛勉強」したのです。7月に60歳の還暦を迎える時期だったので、できれば59歳のうちに28編のレポートを出そうとしていました。

その頃の不思議な体験ですが、本を読み始めて頁を進むと、重要な項目が自然に浮かんできて、そこだけをつなげて読んでいくという、たぶん「速読術」だと思うのですが、これができるようになったのです。興味はどんどん広がり、死については量子力学の本まで読み始めたり、空海に関する本は2カ月間で100冊以上読んだりしました。

どんどん興味が広がり、新しいことが理解できては、次のテーマに広がっていく……これを「脳の活性化」というのだと、当時の自分も感じていました。それまで理解できなかった医学の難しい部分への理解が深まるなどの「波及効果」も生まれていきました。休日は、朝5時から本を読み始め、コーヒーを入れたりトイレに行ったりする以外は、食事も摂らずに読書して、気付いたら夕方だったという日もありました。その間、病院での仕事も休んだり手を抜いたりすることもなく、今思えば、とても「充実した日々」だったと思います。そうそう、目標通り、59歳のうちに28編のレポートも提出できました。

## ●100歳まで脳は活性化する可能性がある!?

古い医学では、脳の細胞数は生まれた時に決まっていて、年齢とともに死滅していき、アルコール依存や脳動脈硬化症はそれを加速する、と言われていました。しかし、その後の脳科学の研究によれば、脳は、使えば使うほど、脳自体からＢＤＮＦ（脳由来神経栄養因子）の分泌が促進され、新しい神経回路を構築し成長を促すことがわかるようになり、**脳の記憶や学習機能はどこまでも成長・発展**していくことがわかっています。「１００歳まで脳は活性化する可能性がある」とまで言われています。

このためには「読書」といっても乱読・速読することが手っ取り早いと思っています。しかし、その基礎段階としてどのような気持ちが大切かというと、それは、

**①いろいろなことに関心や興味を持つこと**
**②1日に10回くらい、「すごーい」とか「へぇー」というような感動をすること**

の２つです。

この２つによって「脳が喜ぶ」そうで、脳自体が成長したり発展していったりする気持ちになるようなのです。

少し変に聞こえるかもしれませんが、**脳は自分自身ではなく、自分の1つの臓器**に過ぎません。心の奥底にある「自分自身」は身体の臓器を健康に保ちながら人生を楽しむわけですが、同じような意味で、**「自分自身」が脳をやる気にさせる**ことが大切なのです。

**第1章**に登場したＫさんは、グリーフワークの中で、仏教を学ぶために仏教系の通信制の大学に入り学ぶ決心をしました。

# 05 小さい頃からの夢を思い出す

**第1章**では江戸時代に詳細な日本地図を作成した伊能忠敬を紹介しました。改めて本章と関連付けて言うと、忠敬は少年時代から星の動きを観察することが好きなようでしたが、それが「小さい頃からの夢」に相当します。

繰り返すと、人生を第1幕、第2幕と分けて、そのどちらにも一生懸命取り組み、目的を果たすことは並大抵の努力ではないし、その背景には、強い動機がなければ達成できないだろうと思います。それが実は「夢」とか「価値観」とか「人生の方向性」というものなのだろうと思います。

江戸時代から飛躍的に寿命が延びた現代では、定年退職してからも10数年の人生が残されています。このような長い時間を考えると、**定年退職後も、少年、少女からの「夢の達成」には十分な時間が残されている**と思うべきではないでしょうか。

## 50歳からは「知的好奇心」を

健康を維持し、友人も増やしながら、やはりここから先は認知症の予防、と言うよりも、**知的機能のさらなる向上**を目指してみましょう。日常から「なぜだろう？」と疑問に思ったり、「調べてみよう、勉強してみよう」と思う『好奇心』を育んだりすることは、人生後半の充実化には絶対に必要です。

年齢とともに、反射的な行動力が低下したり、記憶力が低下したりするのはやむを得ませんが、人生前半期で得た知識や技術を、ここからは「統合していく作業」が著しい効果を生むことになります。また、これまでは仕事のために勉強できなかったことを、ここで学び始めるのです。図書館通いもいいと思いますし、古本屋に立ち寄ったり、インターネットで購入したりするのもいいと思います。テレビ番組にも、知的好奇心を満足させるプログラムが多くなってきましたし、最近は、インターネットを通じてビデオが見られるなど、インターネットからの情報も知的好奇心を満たしてくれます。

しかし、私はずばり、**中高年を対象にした「塾」や「セミナー」、「放送大学」や「通**

**信制大学院」**などを目指すのがいいと思います。繰り返しになりますが、私の場合には、50代で精神科から、がん患者と家族のための精神科を意味する精神腫瘍科（サイコオンコロジー）を専攻するようになりました。実際に緩和ケアチームの一員として亡くなりそうな人と話したり、看取ったりするような臨床になったので、「死生観」について学ぶ必要性を感じ、高野山大学の通信制の大学院に入りました。通信制ですから仕事を続けながらも勉強を続けることができたのです。

28編のレポート提出が義務付けられ、それにパスすると、試験と称する別タイトルのレポート作成が待っています。高野山大学の図書館から本を借りることができるなど、これまでにないワクワクする気持ちになりました。この大学院生活を通じて、古代インド哲学や仏教を学べただけでなく、医学以外の書籍までも幅広く読むような癖がつきました。皆さんにもぜひ、知的好奇心が満たされるワクワク感を味わっていただきたいと思います。

COLUMN

## 知的好奇心で私がやっていること

50歳からは、認知症の予防を心がけ、その先に、知的機能のさらなる向上を目指してみましょう。

まず脳機能の低下は、「記憶力」の低下から始まりますので、毎日簡単にできる記憶力アップの方法をお教えします。それは町を歩く時などに必ず目に入る「車のナンバープレート」の利用です。その４桁の数字を頭に入れ、頭の中で、それを反対から言うことを心がけてください。これは病院の診察でも行われる「４桁の逆唱」です。

その後のさらなる知的機能の向上には、日常から「なぜだろう？」と疑問に思ったり、「調べてみよう、勉強してみよう」と思ったりする『好奇心』を育むことが必要です。

旅行とか旅というと大げさなので、毎日、『散歩という小さな旅』に出るようにしましょう。散歩ではなく「小さな旅」にすることで、別の見方で近所の景色を見るようになるのです。ちょっとワクワクしませんか？　小さな可愛い花を見つけたり、木々の変化に目を奪われたり、普段見慣れた景色も旅人の目で見ると、なかなか新鮮であることに気付きます。

また私には、一定期間ごとに訪れている店があります。それは、デジタル製品を売っている家電店と、１００円ショップです。家電店に出てくる新しいデジモノは、３カ月に１回は行かないと、まった

くついていけなくなってしまいます。買うわけではありません。「今はこんな物が出てきているのか」と感心することが大切です。場合によっては、お店の人から使い方の説明を受けます。人とのコミュニケーションの場が少なくなる年齢ですから、まったく知らない人と話ができる「絶好の機会」になります。また、新しいことに、「へーっ」と感心することは、脳の活性化にも効果があります。

同様に、100円ショップや300円ショップに行くと、驚かされます。「え？ こんな便利な物があるのか？」とか「これが100円で買えるのか？」という具合です。お店の一部だけゆっくり見てみるだけで、1、2時間は簡単に過ぎてしまいます。100円ショップではどうしても衝動買いしてしまいますが、たいした出費ではありません。

このように、近所のお店を観光客さながらに歩いて見て回るだけで、「散歩という小さな旅」のメニューがそろいます。

お金の使い方で思い出しましたが、お札しかなかったら、できれば、おつりを待っている間に、認知症予防のために「暗算」してみましょう。たとえば、817円の支払いに1000円札を出したら、暗算して「183円」と声に出しながらおつりを受け取るのです。あるいは、1017円まで小銭を揃えて、200円のおつりを受け取るというのもいいものです。小銭はお店の人にも喜ばれますし、自分の小銭入れが軽く、すっきりします。しかし、最近はついカードで簡単に払ってしまうんですよね……。

# 06 祈りや瞑想を取り入れる

人は古代、宗教が登場するはるか前から、「祈る」という行為を行っていました。宗教が生まれてからは、それぞれの宗教ごとに祈り方が工夫され、個性化していったものと思われます。この祈りについて、最近では科学的に解明されたり、医学的な研究が行われたりしているのです。

## 祈る人に何が起こるのか？

祈る人の体内では何が起こっているのかを考えてみましょう。祈っている時の自分自身を想像すれば簡単にわかるように、まずは、ゆったりしたリラクセーション状態になります。

さらに、脳の中ではさまざまなことが起こっているということが、徐々にわかってきました。**脳内物質であるβ－エンドルフィン、ドーパミン、オキシトシン**などの分泌が増え、その結果として、**快感**や**幸福感**が生じて、**脳の活性化や記憶力アップ等の効果**も得られることがわかったのです。

このうちオキシトシンは、古くから、分娩時に子宮収縮させ、乳汁分泌を促すなどの働きを持つことが知られていました。その後、妊娠していない女性にも分泌され、さらには、男性でも分泌されていることがわかってきました。脳科学の研究が進み、オキシトシンは、脳の中で神経と神経の間に働く神経伝達物質として働いていることがわかったのです。

その後の研究からも、オキシトシンには

**①人への親近感、信頼感が増す**
**②ストレスが消えて幸福感が得られる**
**③免疫力が高まる**

などの作用あることがわかってきました。その意味で、オキシトシンは「愛情ホルモン」と呼ばれているのです。

## どんな祈りがオキシトシンを増やすのか？

オキシトシンはこのような、親近感や幸福感を生み、免疫力が高まる効果が知られているのですが、祈りの内容によって、その効果が期待できないこともあることがわかったのです。

まず、呪いのように、他人についてのネガティブな祈りの場合には、体内にコルチゾールというホルモンが増え、海馬という記憶の中枢が萎縮し、認知症に近づいてしまいますし、免疫力も低下することがわかっています。では、ポジティブな祈りならいいのかと言うと、自分のために祈る、たとえば「この宝くじ当たれ！」というような場合には、オキシトシンは増加せず、代わりに、アドレナリンというホルモンが増加し、これによって血圧が高く、脈が速くなり、脳血管障害や心臓疾患を招く危険性があることがわかっています。

結局、親近感や幸福感を生み、免疫力が高まるオキシトシンが分泌される祈りは、**他人のために祈った時**だけということがわかったのです。「あの人が早く良くなりますように」とか、「家族が仲良く健康な日々を送れますように」とか、「地震の被災者たちが早く通常の生活に戻れますように」とか、「戦争のない平和な世界になりますように」という祈りが、オキシトシンを高め、**自分に対しても良い作用が現れる**ことになるのです。

## 祈りの遠隔効果がある？

祈りの遠隔効果について興味深い研究があります。まず、重篤な心臓疾患でCCU（循環器疾患集中治療室）に入室した患者さんを対象にして、入室したらそのID番号が偶数か奇数かで、無作為に介入群と対照群の2群に分けます。介入群に入った患者さんのイニシャルだけ、5人ずつから構成される祈る人のグループに送られることにします。このようなグループはアメリカ全土に15あり、どこのグループかも無作為に決められますが、「今、Tさんが入院したので、早く回復するように祈ってください」とだけ伝えられるのです。祈る人たちは、それぞれの方法で、28日間毎日祈るのです。彼らには患者さんのイニシャル以外の情報（病気の種類など）はまったく伝えられないし、患者さんも主治医らも、どちらの群に割り振られたのかは知らされていない研究なのです。このような研究方法はＲＣＴデザイン、または無作為化比較対照研究とも言われ、エビデンスレベル（研究の質）は最上級に分類されるものです。

さて、その研究結果としては、両群ではＣＣＵ在室日数には差がなかったものの、祈られた群（介入群）のほうが、統計的にも意味のある差（有意差）をもって「回復具合が優れていた」という結果が得られたのです。祈られた患者も知らされてないので「プラセボ（偽薬）効果」でもないのです。このような最上級エビデンスレベルの無作為化比較対照研究23件のうち、13件（51％）で遠隔効果があり、９件で効果がない、１件で悪い効果があったことがわかっているのです。

これらから、「祈りには遠隔効果がある」と断言するのは控えるとしても、現時点では、「まさかそんな馬鹿なことがあるはずはない」と否定するほど、非科学的なことではないのです。さあ、大切な人や世界平和について祈ってみましょう。

## 瞑想の種類

最近、瞑想が流行っていると聞きます。精神医学の領域でも、この数年間は脳科学の研究が進んだためもありますが、20年前だったら見向きもされなかった「瞑想」が、急に注目されるようになってきました。

宗教の領域に近接した瞑想ですが、私の理解できる範囲で言うと、瞑想は大別して、①集中法、②観察法、の2つがあると思ってください。集中法とは、何かのシンボルや物に集中して、一体化していくものです。たとえば、腹式呼吸をしながら「阿」に相当するサンスクリット語の文字を感じる「阿字観」瞑想や、月輪を見つめ、心の中に思い浮かべて、全てのものを映すスクリーンを感じる「月輪観」瞑想や、ろうそくの光をじっと見つめるような集中法があります。

それに対して、観察法では、自分の各部に注意を払い、それぞれの部位がどのように感じているのかを感じ入ったりする「ボディスキャン」や、鼻から出入りする息を実況中継するような「呼吸による瞑想」や、「右足が上がり、前に出て、かかとが床に触れて、足の裏全体が床について、つま先だけが床についていて、それも床を離れ……」と、歩く様子を実況中継する「歩く瞑想」などがあります。

## マインドフルネス瞑想とは？

ここでは最近流行っている**「マインドフルネス瞑想」**について具体的に紹介しましょう。まず、できるだけ静かな場所を確保し、お尻の下に座布団などを入れ、その上であぐらをかきます。その姿勢で、腹式呼吸を始めます。その時、両手は膝の上に手のひらが上になるように置き、親指と人差し指で○をつくります。印を結ぶ、とも言います。目は閉じるか半分閉じるような感じです。

そして腹式呼吸を続けながら、鼻からの呼吸の「実況中継」をします。「暖かい空気が鼻を通過して外に出て行く……今度は、外の冷たい空気が鼻から入ってくる……気管支を通り、肺いっぱいに広がっていく……」というような実況中継です。脳は、1つのことにしか集中できませんから、この段階では「何も考えていない状況」が頭の中に出来上がっているはずです。

しかし、そこに必ず雑念が生まれます。「今日のあいつの言葉が気に入らないなあ」とか、「あの時、ああしておけばよかったかなあ」など、過去のことで気になることが浮かびます。あるいは「これが終わったら、ビールでも飲もう」とか、「明日は久しぶりのゴルフだなあ」という近未来のことも入ってきます。でも、マインドフルネス瞑想では「今、ここ」が大切で、そのような雑念が浮かんできたら、「雲が流れて消えていくように（その場面を想像して）」、その雑念を流していきます。眺めながら、つかみ取らないで流していくだけです。そして、呼吸の実況中継にまた集中します。

## ●瞑想の脳科学

１９７０年代、世界中が不安定になっていき、若者たちがヒッピー化した頃、瞑想が一時ブームになりました。最近はそれ以来の瞑想ブームですが、脳科学の研究がその効果を裏付けしつつある点が、以前とはまったく異なります。そのため、グーグル社のような大企業も、社員のために瞑想プログラムを導入しています。

さて脳科学ではどんなことがわかってきたのでしょうか？　まず、頭皮にたくさんの電極を貼り付け、瞑想中に、脳波的には何が起こっているのかが調べられました。数万時間以上の瞑想体験のある僧侶が対象です。脳波は周波数によって、デルタ波やシータ波のように眠っている時のゆっくりした波から、覚醒して落ち着いている時のアルファ波、脳が活動している時のベータ波に分類されます。しかし、瞑想をしている時には、なんと極端に速い脳波であるガンマ波が、脳全体にシンクロしながら現れることがわかったのです。**瞑想と言うと、心も脳もリラックスしているかのような印象がありますが、実は、脳は過活動状態にある**のです。ガンマ波は、悟りに近い状態の時だけに見られる脳波とも言われていますが、長い瞑想体験によって、初めて到達できる脳の覚醒状態と言えます。

また、ＣＴとかＭＲＩのような脳の断面を詳細に見られるような画像による研究でも、瞑想の熟練者では、なんと脳の一部が対照群と比べて厚い構造になっていたこともわかりました。人間の思考、感情や、人間関係などの司令部のような働きをする前頭前野の一部が大きく発達しているということです。脳の機能をリアルタイムで見ることができるｆＭＲＩという検査では、瞑想の内容によって、活性化する脳の部分が異なることもわかっています。

机の上が散らかっているのを掃除することをイメージして、コンピューターなどには「クリーンアップ」という機能があります。その意味では、瞑想は、脳のクリーンアップに効果的ではないかと思われます。私たちは瞑想の熟練者になるわけではありませんから、このような瞑想の時間（10分間くらいでいいと言われています）を朝晩に持つような習慣にしたいですね。

**Point**

脳科学の研究が進み、祈りや瞑想にはさまざまな効果があることが科学的にも明らかになってきた。大切な人について祈るとともに、「今、ここ」に集中する瞑想を生活の中に取り入れてみよう。

注

（1）厚生労働省：令和4年簡易生命表の概況．https://www.mhlw.go.jp/toukei/saikin/hw/life/life22/index.html（2024年5月13日検索）

（2）日本スポーツ精神医学会．https://www.sportspsychiatry.jp/（2024年5月13日検索）

# 第4章

# 幕間のサポーター

Q

一人暮らしです。今は仕事で人に会うので寂しいことはなく、一人の生活にもそれなりに満足しています。しかし、いずれ年をとったら……と考えると急に心配になってきました。

A

年をとれば、どうしても周囲の助けを借りる必要が出てきます。仕事を辞めて世間とのつながりが途切れてしまうと、天涯孤独になってしまいますよね。そうならないように、仕事以外のネットワークを今のうちから作っておきましょう。

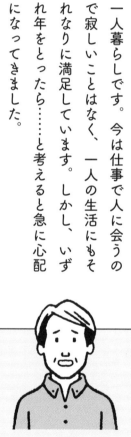

「幕間」の時間に第2幕を考えるのに役立つ実際的な面として、前章では、自分を磨くことを提案させていただきました。本章では「幕間」を考えていく際に、どうしても必要になってくる周囲の助けをどのように借りていくとよいのかについて提案していきます。

## 01 同窓会に出てみる

### 同窓会の意義

**第3章**で言ってきた勉強が「一人で」楽しめる力を高めるものだとすれば、「みんなで」楽しむための人とのつながりは、どのように作っていくとよいのでしょうか。

50代から特に意識するとよいのは、仕事以外の人との出会いを大切にすることです。現役時代は仕事上の付き合いがメインだったかもしれませんが、退職後はいずれなくなっていきます。だから、肩書でつながっている人たちとの集まりにはできるだけ参加しない、年賀状の交換もやめるなど、仕事上の人間関係を整理していくとよいでしょう。

そこに費やされていた時間と労力は、**これからの人生を一緒に楽しめる人**との出会いや親交に使うべきだと思います。それは**スポーツクラブ**や**地域の社会活動**での出会いかもしれないし、**社会人大学、講演会やセミナーなど学びの場**で知り合う人かもしれません。

私がまずお勧めしたいのは、**第3章**「「自分史」を作る」でも言いましたが、もう一度繰り返します。それは、**同窓会**です。40代までは同窓会はそれほど多くありませんが、50代になると急に増えてきます。40代は仕事が忙しくて人が集まりませんが、50代になると会社での役割も安定し、仕事を部下に任せることもできるし、家では子どもが成長して、ひと安心できる時期だからでしょうね。そんな時、ふと「高校で一緒だったあいつはどうしているかな？」と昔のことが思い出される時期だからです。

私の場合、地方の公立だったので、皆同じ心境になるのか、出席率は高かったですね。その後は、年に一度の同窓会に加えて、近くに住んでいる人たちだけで集まる機会も増えています。

彼らとは昔からの友人ですが、ずっと会っていなかったことや、仕事関係ではないという意味では、新しいつながりのような感じです。このように、**人生の第2幕に向けた新しいネットワークは、昔の友人から探すこともできる**のです。

## ●同窓会の目的

人は50歳くらいから、昔の友人に会いたがるようです。昔好きだった女の子に会うことでドキドキしたり、高齢でもお元気な担任に会うのが楽しみだったり、いじめた相手にひそかに謝ろうとしたり、優秀だったあいつがその後どのような人生を送ったのか皮肉っぽい関心を持ったりと、さまざまな楽しみがあるようです。

誰もが50歳くらいから興味を持つ同窓会というものについて、昔の友人に会って懐かしむだけではなく本当は何をしたいのだろうと、しばらく考えてみました。

改めて繰り返しますが、人は勝手に、過去の自分を少しだけ理想化しているものです。苦い思い出や、辛い瞬間などは否認して、いい思い出だけを強く記憶し、しかも、そこに登場する自分を少しだけ理想化します。同窓会とは、自分の思い描いていた、少しだけ美化した昔の自分像が無残にも砕け散る瞬間です。行ってみて後悔するのですが、もう「後の祭り」です。「現実検討」の洗礼を受けることになるのです。

このような、自分にとっては結構大きな「微調整」をしながら、**本当の自分の歴史を改めていくのが50歳からの課題**なのではないかと思います。私の場合には、大学、高校、中学校、小学校と遡っていきました。何年ぶりかで会った友人らと、その後、少人数の再会をしたりして、この微調整は続いたのです。まるで「点」と「点」をつないで「線」を引くような作業です。自分の小学校時代はそうだったのか……中学時代はああだったのか……などと自分の中の記憶を調整していくと、忘れていた記憶も戻る部分が多くなり、「点」が徐々に「線」になっていったのです。

この作業が終わった頃、60歳の還暦を迎えました。**50歳頃から過去を振り返り始め、「点」と「点」をつないで「自分史」という「線」が不十分ながら出来上がった時に、人は還暦を迎えるのかもしれない**と思いました。そして、還暦から、また新しい自分が始まっていく……という人生の仕組みが垣間見えたのです。

## 50歳からの再出発

外資系の銀行で部長クラスのNさんは、50歳の素敵な独身女性です。外資系の会社でそこまで上り詰めたからには、並大抵の努力ではなかったと推察されます。パワハラまがいの時期を耐えた後も、競争や嫌がらせの連続だったと言います。そんな時に、検診で乳がんが発見されました。幸い温存手術も成功して、毎日、放射線療法に通っている頃、「自分の人生は何だったのか？」とふと思い始め、私のクリニックを受診しました。

彼女は泣きながら、自分の、特に仕事人生を語りました。「気が付いたら結婚もしないで頑張っていました」と自嘲《じちょう》的に話す頃には、笑顔さえ見えたので安心しました。放射線療法は、1回の時間は数分で、たとえば35回くらい通い続ける術後の補充治療ですが、それが終了する頃に、また彼女がやってきました。「先生、手術からこの放射線療法の間、もう1カ月間以上会社を休んでいて、時間をもてあましたので、高校の親友に20数年ぶりで会いました。実は同窓会で会ったんです」と興味深い話をしてくれました。「友人は、私の顔を見た途端、別人のようだと言うんです。聞けば、高校時代の私はどちらかと言えばおとなしく、人の後ろに隠れるような生徒だったと言うんです」という彼女の話は以下のようなことでした。

高校卒業後、アメリカの大学に進学し、そのままアメリカの企業に就職し、40歳になった時に日本に転勤になったそうです。一度も高校や中学のことも考えずに一生懸命に仕事をして、結果的にはどんどん昇進していったそうです。それが、病気をきっかけに高校時代の親友に会い、**「自分らしさ」について考え直した**というのです。

Nさんはその後、いったん復職したのですが、半年後にその親友と一緒に、小さな輸入雑貨の会社を始めたと報告に来てくださいました。彼女が言います。「私は、本当の私を見失っていたようです。アメリカの大学に行ったために、価値観がアメリカ的になってしまい、性格まで変わってしまったのですね。『このストレスで乳がんになった』くらいに思うようになりました。今の会社では、親友が社長で、私が主に外国の取引先と交渉する役です。このほうが落ち着くんです。50歳って、転機の年なのかしら……彼女と何十年ぶりかで会えたのも乳がんになったからなので、むしろ病気に感謝しているくらいです」

50歳からの10年間……いろいろなことが起こるようです。同窓会が発火点になることが多いようです。今度、誘いがあったら、ぜひ出かけていってくださいね。

Point

仕事以外の人との出会いを探す時、同窓会が1つのきっかけになることもある。過去を振り返りつつ、第2幕に向けた新しいネットワークを作ってみよう。

# 02 ソーシャルサポートを再構築する

ソーシャルサポートとは、ある人の周囲にいて、その人をさまざまな意味で助けてくれる人のことを言います。具体的には、配偶者、パートナー、兄弟姉妹、親、子ども、親友、同僚、近所の人、趣味で知り合った人、などさまざまです。

なぜソーシャルサポートの構築が必要かと言うと、まず「ソーシャルサポートのない人は、ある人に比べて病気になりやすい」という研究結果があるからです。一人暮らしの方のほうが、暴飲暴食をすることもあるでしょうし、また、そのような健康に悪い生活習慣を注意してくれる人がいない場合には、メタボをはじめとして、確かに病気になりやすいのだと思います。

また別の研究では、「ソーシャルサポートのあるがん患者は、ないがん患者よりも長生きする」というデータもあります。「自分は一人ではないんだ、頑張ろう」という気持ちが、がんの経過に良い影響を与えるようなのです。患者会で知り合う仲間同士の助け合いなども特に大切で、やはり同じ病気の患者同士のほうが本当の気持ちを理解したり、共有したりできるようです。

しかし、この年齢では正しく言うと、**ソーシャルサポートの再構築**をする必要があります。これまでのソーシャルサポートを見直し、必要ないと思った場合には思い切って捨ててしまう、つまり断捨離をするという勇気を持ちましょう。

このソーシャルサポートは、表6のように大きく3つの種類に分類されます。

まず、『**情緒的ソーシャルサポート**』とは、話を聞いてくれて共感してくれる相手のことです。一般的には、この種類の人が一番先に思い浮かぶはずです。少なくとも、2、3人の方が浮かばないといけませんが、大抵の方にはいらっしゃるようです。

しかし、次の『**手段的ソーシャルサポート**』とは、たとえば、病気の時に病院まで車に乗せてくれたり、一人暮らしの方の場合は、何かあったら食事の世話をしてくれたり、救急車を呼んでくれたりするような人たちです。この部分はほとんどの方が、手薄になっています。つまり、高齢になってから特に注意したいのは、この『手段的ソーシャルサポート』の構築ということになります。

最後は『**情報的ソーシャルサポート**』で、病気のことや、催しものについて、イン

**表6　3種類のソーシャルサポート**

| | |
|---|---|
| 1 | 情緒的ソーシャルサポート |
| 2 | 手段的ソーシャルサポート |
| 3 | 情報的ソーシャルサポート |

ターネットや広報で「正しい情報」を集めてくれる人たちです。

これらすべてのソーシャルサポートが人生を充実させてくれて、健康を保たせくれて、病気になった時には助けになってくれるのです。**周囲を見渡し、ソーシャルサポートの存在に気付き、関係性を強固にしておきましょう**。特に、『手段的ソーシャルサポート』なんてお互いさまのことですから、今から「何かあったらお願いね」とか「助け合おうね」と言いながら作っておくといいでしょう。

## 人とつながる努力をする

とてつもない山の中か、無人島で一人暮らしでもしない限り、私たちは何かしらの形で社会とかかわって生きています。また、人とかかわりを持たずに生きていくのはとてもつらいことです。

「もっとも悲惨なことは、飢餓でも病気でもない。自分がみんなから見捨てられていると感じることです」

このようなことを話したのは、マザーテレサです。人間はどうあがいても、誰かとつながっていたいと願う生き物なのです。だからこそ、積極的に社会とのかかわりを持つように心がける必要があります。

たとえば、ご近所の方や店の人には**挨拶**を欠かさず、**自分の顔を覚えてもらう**。もう会う予定のない友人でも、気が向いた時に**季節の便り**を出してみる。役所や公民館での**無料講演や講座**に出席するなども、社会とのつながりを切らないために効果があります。

特にシニアの男性の中には、極端な話ですが、「人間関係でつながっているのは妻だけ」という人がいます。近所付き合いも親戚付き合いも妻にまかせっきりで、「自分には妻がいれば十分」というような男性です。

こうした男性が妻に先立たれると、世間とのつながりがぷつりと切れてしまい、天涯孤独になります。まさに悲劇です。人付き合いは日々の積み重ねが大切。「自分は妻だけいればいい」という人は要注意です。

COLUMN

## 断捨離に思う

断捨離《だんしゃり》という言葉を最近よく聞きます。身の回りの不要なモノなどを減らして、生活や人生に調和をもたらそうとする生活術や処世術のことらしいのですが、どうも、一人老後にはぴったりの生き方かもしれませんね。

断捨離とは、基本的にはヨーガの行法と言われ、そのうち「断行《だんぎょう》」、「捨行《しゃぎょう》」、「離行《りぎょう》」という行法の頭文字を3つ続けて、断捨離と言うようです。

簡単に言えば、日常生活に不要なモノを断ち（断）、要らないモノを捨て（捨）、モノへの執着から離れる（離）といった生き方であり、一人老後にはぜひ取り入れたい生活習慣だと思います。

### ●捨てる＝他の人の役に立つ

私は若い頃から、医学誌に投稿したり、論文執筆を依頼されたりする機会に恵まれていました。医学誌に掲載されると、自分の部分だけを「別刷《べつずり》」といって、30部くらいまでは無料でいただけるのです。それを、家や職場で包装されたまま積んでおくような生活をしていたため、自分の自由空間はその分、減ってしまって、結構、不自由な生活をしていたようです。50歳くらいになって気付いた時には、それを保管するための貸しロッカーを契約していました。年間で数万円でしたが、ある時、急に思い立ち、医療者対象の講演会場にその別刷を持っていったところ、瞬く間に皆さんが持っていって、自分自身ではとても気分が良くなりました。それを繰り返していくと、数カ月の間に、天井まで積んであった別刷はなくなり、貸しロッカー代を払う必要がなくなりました。この時の体験では、必要な人のところへ別刷が渡っていき、別刷が喜んでいるような気がしました。捨てるのは「もったいない」と思っていた私には、これは捨てるのではなく、他の人に活用してもらうためのアクションだったのです。「有効利用」なのです。

その後、断捨離の本に出会いました。そこで、自分のタンスの中をチェックしました。男性の場合は多いのかもしれませんが、少し前までは穿けていて、今はお腹の部分がきつくて入らなくなったズボンがたくさんありました。「いつかまた、これを穿けるように痩せたい」という思いからなのですが、結局、何年もそのままタンスの底のほうに畳まれています。「また、そのサイズになったら新しいズボンを買えばいい」と自分に言い聞かせ、バザーや寄付として全部出してしまいました。誰かの役に立てば……という思いです。これをやり始めると、シャツやセーター、その他たくさんのものがタンスの底に押し込まれたままになっていることに気付き、どんどん寄付したり古着屋さんに持っていったりしました。そうすると、タンスや衣装ケースも不要になるなど、本来のスペースが復活したばかりでなく、気分が軽くなったのです。これが断捨離の効果だと初めて感じたのです。

### ●衣食住の断捨離

一人老後の断捨離は、まず衣食住から始めます。衣については、前にも述べましたが、家では「**2、3年着ない服は処分しよう**」という暗黙の約束があります。食に関しては、医学的にも大切なことですが、代謝率が低下しているため、これまでの食事量だと胃腸に負担がかかるし、体重の増加につながります。**腹八分目より腹六分目くらいがいい**とも言われています。これは必ずしもお勧めはしませんが、私は**1日2食**で十分になってきています。さて、住に関しては時間がかかりますが、基本的には、一人老後になったら広い家は必要ありません。広い家は、子どもを育てる時には必要だったかもしれませんが、一人老後になったら、逆に戸締まりを忘れるなど物騒になってきます。鍵1本で戸締まりができる、**便利な場所のマンション**などがよいと思います。

### ●さらなる断捨離を

一人老後の最後の断捨離は、「ヒト」です。この年齢になってくると、大切な人と、ご挨拶程度の人の区別がついてきます。大切な人とは、ソーシャルサポートになっていただける方のことです。問題は「ご挨拶程度の人」の断捨離ですが、私は来年の年賀状から始めようと思っています。年賀状は、心のこもった賀状もたくさんありますが、「昨年いただいたから」という受け身的な理由で賀状を出している場合も少なくありません。来年の賀状には、「これが最後の年賀状になりますが、これまで長い間ありがとうございました」というような意味のことを書いてみようと思っています。冷たいようですか？　いいえ、「相手のための」最後の年賀状なんです。

# 03
# 家族との関係性を見直そう

「空の巣症候群」という言葉があります。これは、子育てが終わり、子どもが独立して家を離れたことが原因で起こる抑うつ症状で、40～50代の女性によく見られます。夫や自分より子どもが最優先と、子育てに全精力を注いできたような女性に多く見られる傾向があります。

長い時間、子どもだけを見つめて世話をしてきたため、対象となる子どもがいなくなることで、自分の存在価値を感じられなくなり、虚無感《きょむかん》、むなしさ、不安感などの症状が出てきます。吐き気、動悸、不眠、頭痛、食欲不振といった身体的な不調にまで発展することもあり、自律神経失調症やうつ病に移行する場合もあります。

子どもはいつか独立し、自分の足で歩き始めるものです。だからこそ、子どもの成長に合わせて、パートナーである夫との関係を見直し、いずれやってくる夫婦二人きりの将来に備えておくべきなのです。

子育てに熱心な女性ほど、「子どもがいなくなって、夫と二人だけで過ごすなんて考えられない」と言いますが、家族はまず夫婦があって、子どもがあるという基本を忘れてはいけません。

50代に突入したら、ぜひ新婚当時を思い出し、夫婦だけの時間を大切にしましょう。二人で食事に行く、ショッピングを楽しむ、あるいは家で一杯飲みながら夫婦仲良くＤＶＤ鑑賞をするのもいいですね。

また、夫婦で山登りをするのもお勧めです。自宅ではゆっくり会話をする時間がなくても、山を登りながらなら自然におしゃべりできるでしょう。それに、町の中で手をつなぐのは照れくさくても、山登りならお互いを助け合うためにごく自然に手をつなぐことができます。さらに、登頂する達成感や喜びを共有することで、夫婦の絆が強まります。

いずれやってくる夫婦二人の生活。その時間は決して短くはありません。だからこそ、互いが気持ちよく連れ添えるように、**子どもが独立する前からきちんと準備しておく**といいでしょう。

COLUMN

## 親の介護か、夫婦の関係性か？

51歳の乳がん患者Oさんは神奈川県の湘南に住んでいます。息子さんは独立し、娘さんも近々結婚する予定です。しかしここで、福島県に一人で住んでいる母親が認知症っぽくなっているので、今後どうしようかと、新たな問題が生じて来ました。ご主人は確か1年くらいで定年退職を迎えるようなシチュエーションです。皆さんの周囲でも必ず起こるような問題ですよね。

Oさんご夫婦は仲がよく、この対応にもご主人との熱心な会話があったかと思います。

最初の結論は、「母親を湘南に引き取るか、湘南の高齢者施設に入所してもらう」ということでした。福島で暮らしている方が、高齢になってから湘南に来るかなあと思いながら聞いていると、続けて、「これを母に提案したんです。そしたら、『近所にお友達がいるから、それは嫌だ』と言われてしまったんです」と言います。それはそうだよなあと私は納得してしまいました。

1カ月後にいらっしゃった際にも、やはりご夫婦で熟考したのでしょう。この件に関しての新しい案を考えたそうです。「それは、母は福島の施設に入ってもらい、そこに行きやすいように、私たちが湘南から、せめて仙台くらいに引っ越す、という話しをしました」と言うのです。

ご夫婦二人になるので、比較的自由に転居できるとは言っても、湘南から、誰も知った人がいない仙台への転居は唐突な気がしたので、それを伝えました。Oさんは「やっぱりそうですか。やっぱりそうですよね」とホッとしたように答えて帰っていきました。「ドツボにはまる」とでも言うのでしょう。誰でもこのような状況に入り込んでしまうと、他人から見ると「とんでもない」ような結論に至ることがありますが、Oさんも本当に真剣にご夫婦で話し合ったので、このような「奇想天外な案」になってしまったのでしょうね。自分なら「もう一度アタマを冷やして考え直そう」と思うような場面ですよね。

それに加えて、認知症になるかもしれないという母親にとって（いえ、認知症になったとしても）、わが家あるいはそのご近所さんは貴重な財産です。そこから離されることは、母親にとっても大きな喪失体験になってしまいます。認知症になりそう、あるいはなるかもしれない、あるいは少しは認知症になっている方への対応は、基本はこれまでの環境で、説明と同意の下で、気の合うヘルパーさんが入る、という形が普通だと思います。

これについての相談先は地元の「地域包括支援センター」です。地域包括支援センターのケアマネ（ケアマネジャー）は、地域全体の高齢者その他に関する相談を受け付け、対応してくれます。そして地域全体の介護資源や相談機関と連携し、対象者のニーズを把握して適切な支援についての提案をします。

ところで話を元に戻すと、1カ月後にやってきたOさんは、「母親は福島の自宅でまずは暮らし、私が頻繁に訪問して、必要があれば地域包括支援センターのケアマネに相談します。いえ、相談は今からでもいいですよね。そして、私たちの今の家は大きいので、横浜の小さなマンションに引っ越すことにしました。海の見える素敵なマンションで、二人暮らしにはピッタリの大きさです。先生のお陰で仙台に引っ越さなくてよかったと、夫とも話しています」と言いました。大正解ですね。

私は「新しい住居では、お二人で行先を決めない散歩や早歩きのウォーキングをしてくださいね。あの地域なら素敵な道筋や坂道があるでしょうし、見晴らしがいい場所にも出られるでしょうし、毎日ルートを変えて楽しんでくださいね」と応援しました。

# 04 地域の資源を活用しよう

## 少しずつ地域人の仲間入りをする

一般的にフルタイムで仕事をしている人にとって、家は休息の場です。朝早く家を出て、帰ってくるのは暗くなってから。休みの日も、外出したり家でゴロゴロしたりして、ご近所さんとかかわることは少ないと思います。たとえば、向こう三軒両隣にどんな人が住んでいるかわかりますか？　もしかすると、名前すら知らないかもしれませんね。

職場ではたくさんの人とつながっているのに、自分の生活の拠点である地域のこととなると、案外知らないことだらけなのです。

しかし、そろそろ定年を迎えるという頃から、徐々に地域人としての自覚を持ち始め、少しずつで構わないので、地域を本当の意味でのホームと考えるようにしましょう。

たとえば、ご近所の方への挨拶ひとつとっても、「こんにちは」だけで儀礼的に済ませるのではなく、「おはようございます。今日も暑くなりそうですね」「こんにちは。冷え込みが厳しくなりましたね」など、プラスアルファの一言を添えるようにしましょう。それだけで相手との距離がぐっと近くなります。

定年になってからご近所付き合いを始めるより、**アイドリング気分で少しずつ準備**をしておくと、定年後の生活がスムーズにスタートできます。全ては「幕間」での準備です。それまで地域のことを家族にまかせきりだったという人は、**ゴミ捨て**や、**回覧板**を回すなど、積極的に地域の中に出ていきましょう。そうした**小さな積み重ねが地域になじむ近道**です。

地域になじむことは、防災の観点でも非常に重要です。災害は突然やってきますし、マニュアルを読んでもその通りにはいきません。いざ助けが必要な時に、お互いが助け合えるような関係を築いていくことが肝心なのです。

定年後の60代は、仕事や子育てを終えて、ある意味、自分の生きたいように、わがままに生きられます。同時に、さまざまな衰えを実感する年齢でもあります。

誰にも気兼ねせず、自分のしたいように生きるには、さまざまな責任も引き受けなくてはいけません。そして、わがままな生き方をするには、他人のわがままな生き方も尊重しなくてはならないのです。

## 公民館で新しいカルチャーライフを体験

すぐ近くにあるのに、意外と知らないのが地域の公民館や住民センターです。地域の公共施設ということはわかっていても、何ができるのか、どんな使い方ができるのかについてはあまり知らない人が多いようです。しかし、一見地味な印象の公民館も、実はかなり使えるパブリックスペースなのです。最近は「コミュニティーセンター」などという呼び方で、親しみやすさをアピールしている公民館も増えてきましたが、その使い勝手は上々。むしろ使わないともったいないくらいです。

公民館は地域住民の文化的活動を支援するために建てられたものですが、その性質はコミュニティーそのもの。多くのサークルや勉強会が活動していて、特に地元の50～70代にはとても人気があります。営利目的の講座はないので受講料は格安ですが、公民館で開かれる教室のバラエティは実に豊かです。

例をあげるのなら、**書道、デジカメ、料理、パソコン、体操、社交ダンス、俳句、卓球、赤ちゃん体操、油絵、絵手紙教室**など、子どもから高齢者まで幅広い世代が興味を持てそうな教室がズラリと揃っています。定年後、カルチャースクールに通う人も多いのですが、月謝も意外に高いですから、公民館で受講するほうが断然経済的です。

しかも、公民館では個人がサークルを立ち上げたいと思った時も相談に乗ってくれて、教室の主催者になることもあるのです。

**70代、80代の先生が着付けや三味線を教える教室**は、アットホームで実に和やか。キリリと和服を着こなしたシニアの生き生きした表情を見ると、公民館はヘルシーな生き方を学ぶホームグラウンドにも思えてきます。

Point

ご近所付き合いも、定年前の「幕間」の時間に始めておきたいことの1つ。地域の公民館などで行われているサークル活動や勉強会は定年後の楽しみにもなる。

# 05 社会貢献を考える

## 早期退職をして患者会を作る

病院の医事課で働いていた58歳の肺がん患者Pさんが、時々、不安を感じるために外来に来てくれました。治療も終結してまる5年間が経過し、主治医から「おめでとうございます。これからは経過観察になります」と言われたそうです。がんの種類やがん細胞のタイプにもよるのですが、標準治療を終え、一定期間の要注意期間を過ぎると、「今後は経過観察」という評価を下されるケースがあります。1年に1回という、健康な方にとっての人間ドックのような状態になるのです。患者さんにとっては待ちに待ったうれしい知らせのようで、とても喜びます。

このPさんもまさにその知らせを受け、「バンザーイ！」という気分になったようです。私も一緒に喜んであげました。しかし、2週間後にもやってきて、何を言うのかと待っていると、「私、とりあえず治療が終わったので、今度は他の患者さんたちのために患者会を立ち上げます」と言って、勤務先の病院に早期退職を申し出てきたそうです。

がんと言われた途端に早期退職してしまう方がいる中で、治療が終わったPさんは、「もう従来の仕事なんてしていられない」とでも言うように、ご自宅で数人が集まる患者会をさっそく立ち上げました。

もちろんクリニック内にチラシを張り出してあげ、やがては私も講演に伺うという約束をしました。

## 50代から次の人生へ向かったヘプバーン

「たしかに、私の顔にはシワが増えたかもしれません。でも、私はこのシワの数だけ優しさを知りました。だから、若い頃の自分より、今の自分の顔のほうがずっと好きですよ」

これはオードリー・ヘプバーンが言ったとされる言葉です。若い頃、妖精のような魅力で世界中の人々の心をわし掴みにしたヘプバーンは、私生活では3度の結婚をし、二人の子宝に恵まれますが、結婚生活はどれも最終的には破局してしまいました。

40歳からは家庭の生活にエネルギーを注いでいましたが、60歳直前になって、ユニセフ事務局長の依頼で、スイスで静かに暮らしていたヘプバーンはユニセフ親善大使に就任します。就任後すぐに飢饉に見舞われていたエチオピアを訪問し、その惨状に目を見張ります。そして帰国後は、それまで頑なに断っていたテレビ番組のインタビューなどを受け、募金を呼びかけました。その後も、当時、内戦が続いていたソマリアやスーダンを訪問するなどの社会活動に献身的に取り組み、人間としての深みを加えていったのです。

往年の銀幕のスターが、しわだらけの顔や、真っ黒に日焼けした顔をテレビなどに映すことはほとんどありませんが、ヘプバーンの顔には、まさしく温かい味わいのある美しさがありました。

ウィキペディアによれば、第二次世界大戦中の１９４４年にオランダ大飢饉が発生した時、ドイツ軍の報復として、物資の補給路が絶たれ、飢えと寒さによる死者が続出した中で、ヘプバーンたちはチューリップの球根を食べて飢えをしのぐ有様だったようです。

戦後、オランダが解放された時に、貧血、喘息、黄疸にかかっていたヘプバーンの回復を助けたのは、ユニセフの前身の連合国救済復興機関（ＵＮＲＲＡ）から届いた食料と医薬品だったそうです。その後、女優として大きな成功を収めることができたために、残りの人生を最貧困国の恵まれない子どもたちへの支援活動に充てることを決めたということです。最後には**社会貢献**、なのですね。

## ●ボランティア活動

人というのはスピリチュアルな存在です。**自分が生まれてきたことの意味を求め、人や社会とつながり、自分が存在する意義を感じたい**ようです。普段、こうした思いは意識されることがなかったとしても、災害や、身近な人の死、病気などで、**自分の人生に限りがある**ことに目が向くと、それが意識されるようになり、「人生とは何なんだろう」と思うのです。**人の心に死がよぎる時、生来のスピリチュアリティが喚起される**

のです。

日本人は阪神・淡路大震災や新潟県中越地震などの経験を通して、現地に赴いて、行動として援助することの大切さを学んできました。そのため、2011年3月の東日本大震災でもボランティアの動きは早く、多くのボランティアの活動が今も継続されています。現地に行けない者は援助物資を提供したり、義援金や寄付金を自らの意志で提供したりしました。

この流れが消えないうちに、2024年元旦にまた地震による災害が起こりました。「令和6年能登半島地震」ですが、ここでもかなり早くからボランティアの希望が集まりました。

ボランティアなどで「社会のために何かしよう」とする人が増えたことの背景にも、前述したようなスピリチュアリティへの目覚めがあるはずです。

## ボランティアは地域から

配偶者を亡くした後の「幕間」の時間を適切に使わないと、自然に「一人老後」になってしまいます。この場合でも、いわゆる「孤立老後」には絶対にならないようにしましょう。**「人に迷惑をかけることだけは決してしたくない」という強い決意を持っている方の中には、気付いてみると、まったくの「ひとりぼっち」という方が結構います。**

これを避けるためにはどうしたらいいでしょうか。

私は、やはり「ボランティア」のような形で、社会とのつながりを維持していただきたいと思います。では、どんなボランティアがいいかと言うと、たとえば、自分の5年後や10年後の先輩たちを援助するようなボランティアはどうでしょうか。「明日のわが身」を知ることは有益ですし、5年後の自分に何が必要なのかなど、さまざまなことがわかってくるからです。

具体的には、地域の**「シルバー人材センター」**に登録しておき、病院通いや、買い物、家事などをお手伝いしてあげるのはどうでしょうか？　あるいは、老健（介護老人保健施設）や有料老人ホームなどで、**「傾聴ボランティア」**をするのはどうでしょうか？

このような活動をすることによって、結局のところ、何歳になっても、人には「目の前や周囲に人がいること」が大切だと気付くはずです。自分がやってほしいことを、まずは先に、人にやってあげるべきなのです。

自分よりも少し年上の人の生活ぶりを見ておくことは、来たるべき時の「備え」を準備するためにも、とても有益です。今の自分の生活に何が不足しているのかがわかるはずです。自分よりも少しだけ年上の先輩は、まさに「生きた教材」なのですね。

**Point**

人生の第２幕を考えた時、「幕間」の時間を活用して社会貢献を行い、その活動を通して人とのつながりを作ることができれば、自分自身にとっても大変有益である。

## あとがきにかえて――保坂 隆の幕間

いくつかの側面から「幕間」の意義について考えてきましたが、あとがきにかえて、自分自身の幕間についても整理させてください。ほとんどの内容は、これまでの章の中にポツリポツリと紹介したもので恐縮ですが、もう一度整理させていただきます。

### 1 医師としてのスタート前の幕間

私の医師としてのスタートは、医学部最終学年である6年生の時に、親友と一緒に北海道の町立病院でエクスターンをした時です。昔「インターン」という言葉があったのですが、「エクスターン」とはまだ医師免許を持っていない医学生が医療現場に出向き、医療を実際に垣間見ることです。医学部の授業として「実習」があり、確かに実際の患者さんを見ることがあるのですが、あくまでも教師としての医師の傍ら、あるいは後ろから見学する程度のことです。「エクスターン」はもうちょっと踏み込んで、特に自分が志望する臨床科の現場を見て、少しだけ実地指導を受けながら、「この科を専攻しても大丈夫か?」

という現実検討の場です。歴史のある医学部では、すでにOBたちが関東を中心にして病院の管理者や、部長クラスのバリバリの臨床医や、あるいは医院の開業などしています。ですから、自分の将来像も重ねて想像できる貴重な体験の場です。当時の医学部6年生の夏休みは2カ月近くありましたから、早くからクラブ活動の先輩などを通じて、「エクスターン」の場所を確保します。

私と親友は、まだ明確に診療科を決めていたわけではなかったので、どうするか相談しました。通常のルートだと、どうしても1つのガッチリした病院の、然るべき臨床科の先輩にお願いすることになりますが、あえてそれをしませんでした。「そういうことじゃないんだよ、まだ何科に進むのか決めてないんだよなあ」と思い、「いっそあまり医師のいない病院で、何もかも見てみたいし、経験したいよなあ」という共通の思いがありましたので、医学生10名ずつにメンターがいたのでそのメンターに相談しました。整形外科の教授でしたが、その思いを伝えました。

そうしたら、短期間で、「北海道の整形外科の病院長に話したら、そこから50キロくらい離れた町にある町立病院で、たった一人の医師で全部切り盛りしているところがある」

という情報をいただきました。私たちは、一も二もなく、教授に感謝してつないでいただきました。

夏休み初日、親友の車に荷物を詰め込んだ私たちは、北海道に向かうフェリーの上にいました。遠くに見える陸地が北海道の地で、ゆっくり近づいてきます。私たちはドキドキしながら、大きな町から離れた原野の道を、車で町立病院を目指していました。

病院は実際には50人くらいの入院患者を受け入れられるのですが、なにせ当時の医師は一人だったために、10人くらいの患者さんだけが入院していま

した。幸い、空いている病室に私たちは泊めていただきました。

院長はお一人で優しいお顔ですが、バリバリのそれでも60歳くらいの先生でした。あとで聞いたのですが、札幌にご家族がいて単身赴任でいらっしゃり、24時間365日というか、毎日、毎晩が日直であり、当直でもあるわけです。入院患者さんがいて院長先生が一人の個人病院はたくさんありますが、その場合には、大抵、契約した病院や大学病院から夜勤（当直）の先生がいたり、休日に日当直をしてくれる先生がいたりするものですが、ここではそれは叶いません。院長先生が広い地域にたった1つある病院の、たった一人の先生だったのです。

その院長先生には本当にご迷惑だったでしょうが、私たちは1カ月あまりもその病院に泊めていただき、先生のお手伝いや、放射線技師や看護師さんたちのお手伝いをさせていただきました。今でもこの時の貴重な経験を思い出し、皆さんに感謝しています。後日談になりますが、その後、めでたく医師になった私は、感謝の気持ちを込めて、数年間の夏に1週間、年末年始の1週間を「医師として」日当直させていただき、その間は院長先生には札幌のご家族の元で休養していただきました。

その北海道体験から、私は、「心も体も診られる医師」を目指しました。心療内科の研修が今くらい充実していたら、私はどこかの心療内科の医局に入っていたでしょうが、昭和52年はそんな時代ではありませんでした。結果的に、私は1年間、精神科で精神分析の勉強をして、その後、新設したばかりの大学病院に改めて研修医として勤務して、いろいろな科（循環器内科、麻酔科、産婦人科、神経内科など）をローテート研修しました。全ての病棟がオープンしていなかったので、病室で泊まりながら、すぐに救急外来に行けるように毎日当直をしていた時期でもありました。今は「スーパーローテーション」として、いくつかの科をローテート研修することが研修医には義務付けられましたが、昭和50年代で「カスタマイズした研修医」は少なかった時代だろうと思います。

その後、どこの科にも行けず、全ての体の病気の患者さんの心のケアを目指す「リエゾン精神医学」を専攻し、やがては有志らと学会（日本総合病院精神医学会）を創設しました。

このような時期は、青春の懊悩《おうのう》が混じったもので、人生全体からみると、**アイデンティティが確立する前の「モラトリアム期間」**とも言えるのではないかと思います。

## 2　50代の幕間

さて、この若い時代から時が過ぎ、結婚し子どももできて、仕事上でも充実してきて、いわゆる「人生のコア」の時期を過ごし、50代になりました。改めて、私はやはり、人間の人生は50代から始まる、と言うか、50代から意味深いものに変質していくのではないかと思うようになりました。このくらいの時期になると、まず子どもは手のかかる年代を過ぎ、会社員では出世したとしても先が見え始める時期になってきます。自営業の方は、経営の仕方にも慣れて人脈もできてきます。少し緊張感が緩む年代になってきたのでしょうか、古い友人のことを思い出したりもします。

そして前の章でも言ったように、この時期になると、急に『同窓会』の通知が届くようになるのです。不思議だなあと思っていると、数年間のうちに大学、高校、中学時代の友人が幹事になり、『同窓会』の通知が届くのです。同時に、「幕間の時期（定年退職など）」が近づいてきます。

私の幕間は、50歳で医学部教授になった数年後から訪れてきました。それまで、授業や、研究や、診療に忙しい期間が長らく続いてきたのですが、大学内部の事情もあり、研究中心の数年間が続きました。

具体的には、

２００３年～　厚生労働科学研究班研究代表者（自殺）

２００４年～　厚生労働科学研究班研究代表者（精神病棟機能分化）

２００７年～　厚生労働科学研究班研究代表者（がんグループ療法の普及）

２００８年～　厚生労働科学研究班研究代表者（精神疾患の普及啓発）

などの主任研究者を3年間ずつ務めました

この中の「がんグループ療法の普及」の研究班として、全国で「がん患者のためのグループ療法・ファシリテーター養成講座」を開いていたのですが、沖縄で開催した時に最後の挨拶でなぜか涙ぐんでしまいました。がん医療がそれほど充実しているわけではないのに、がん患者をサポートしたいという熱い思いが、こちらにビンビン伝わってきたからです。それが間接的な契機となって、２０１０年、57歳の時に大学を辞めることになりました。そして、その4月から毎月第一土曜日を「沖縄がん心のケア研究会」と称して、沖縄に通うことになったのです。それと同時に、聖路加国際病院乳腺外科にサイコオンコロジー外来を作っていただき、そこで乳がん患者さんの心のケア外来を始めたのです。

大学病院での診療を辞め、研究に没頭し、大学から一般病院に移り、そこでの非常勤からまったく新しい領域の常勤職になり、大学院生になり、学会を創設するという怒濤のような時代だった50代は「幕間の時間」の真っ只中だったと思います。さらにこの幕間は続きます。

## 3　幕間で学んだ『孤独力』

組織に属していると、そこで与えられる仕事があり、生活のためにその仕事を全うしようと頑張ることができます。組織の中で、しっかりと貢献できるように自分を成長させていくことは大切なことです。しかし、50代、60代の人に定年後についてインタビューすると、「半年間は何もしないで暮らしたいです」と言う人がとても多いようです。「家族のため、会社のために、与えられた役割を頑張ってこなしてきたのだから、しばらくのんびりさせてほしい」というのはわからなくはありませんが、そのままではその後の人生で、幸せを感じるのは難しいと思います。

最近は「人生100年時代」とよく言われます。それだけ長生きする可能性が高まったということですが、人生後半の分岐点は60歳や65歳ではなく、50代のどこかにあるように思います。独立したり自分で起業したりする場合には、50代は適齢期で、この時期なら肉体的にも精神的にもまだエネルギーがありますし、今まで培ってきた経験とネットワークが生きてくるチャンスも多いでしょう。

しかし、ここで必要になってくるのが『**孤独力**』です。孤独力とは、一人でも行動できる力、肩書に頼らない生き方、という意味です。特に、仕事一筋だった男性にとっては苦手なことです！　それは、名刺のお付き合いに慣れてきたからです。でも、ここからは実際には何の肩書も所属もない、一人の人間になるのです。「ある組織に属した私」というアイデンティティで生きてきた人にとっては、こんな不安定な状況はありません。

だから、50歳になったら来たるべきこのような状況をイメージトレーニングして、『孤独力』、つまり一人でも行動できる力、肩書に頼らない生き方を養っていただきたいと思います。この「一人で」という状況をイメージしながらも、まだ組織の中で生きているわけですから、仲間と「一緒に」という感覚もしみじみと味わっていただきたいのです。

このように考えてくると、**50代という10年間は、「一人で」と「一緒に」の間を自由に行き来できる生き方を身に付ける10年間**、とも言えるのです。

50代は、仕事をしている人にとっては、ある程度の肩書が付いたり、責任ある立場に立ったりする時期だと思います。中間管理職になる方も多いことでしょう。でも実は、その辺から、「上司としての孤独感」を感じ始める時期なのではないでしょうか。

私も、50代に突入したのと同時に、ラッキーなことに医学部教授に選考されました。しかしこの頃から、職場では上司としての拙劣《せつれつ》さ、部下の反抗などから、強い「孤独感」を感じるようになり、家では子どもたちが成人し、家庭内での夫としての役割や父親としての役割にも変化が現れました。家族のために一生懸命働き、子どもたちの教育などの意見にも耳を傾けてきたのですが、子どもたちの成長に伴い、揺るがない父親的な存在感も「相対的」には弱体化していったのかもしれません。一方、職場では大人たちを相手にしたリーダーとしての役割にも不全感が生じてきて、さらに強い孤独感を感じるようになりました。

そんな時に、教授として研究代表者を務めて、全国で、「がん患者のためのグループ療法・ファシリテーター養成講座」を開いていた最終の沖縄会場での最後の挨拶の際に涙ぐんでしまった話は既にしました。そして、それが契機となって、２０１０年、57歳の時に大学を辞めることにしました。

そして、家族には迷惑をかけない程度にアルバイトをして、毎月第一土曜日を「沖縄がん心のケア研究会」と称して、ボランティアで沖縄に通うことになったのです。その一方で、精神腫瘍科の実践として無理を言って、聖路加国際病院乳腺外科にサイコオンコロジー外来を作っていただき、そこで乳がん患者さんの心のケア外来を週2回始めたのです。

その頃です、実際に、その『孤独力』について考えるようになったのは。

教育職が向いていないと思った自分は、よくよく考えて「早期退職」という選択をしました。すぐに転職するのは容易だったのですが、その前に自分の人生を真正面から考えてみたくなり、家族には迷惑をかけない程度にアルバイトをしながら、毎週月曜日から1泊2日で、山の中のプチホテル付きのゴルフ場に通いました。「平日のゴルフをしたい」というのはサラリーマン医者をしていた長い間の夢だったので、これが実現したことは非常にうれしかったです。ゴルフも少しずつですがうまくなっていきました。しかし夜、一人で山の中のホテルに泊まる時には、今まで味わったことのないような孤独感をひしひしと感じていました。それまでの人生を振り返り、健康な身体で産んでもらったことへの感謝と、**今後、自分に残された仕事は何か?**……じっくり考えていました。

「断捨離をしたスペースに何か新しいものが入ってくる」ことは知っていましたが、それを私自身が実際に体現したのはこの頃です。ゴルフ場のある山の中の「孤独」から、何かが動き始めたのです。「孤独に耐える力」、「孤独から展開していける力」のことを『孤独力』と言うのなら、この時、人生で初めて『孤独力』というパワーを感じたのです。

何かが動き出し、実際に大展開が始まり、非常勤で始めたサイコオンコロジー外来でしたが、半年後には「精神腫瘍科」を新設していただき、常勤の医師になったのです。私はずっと精神科で臨床や研究をしてきましたが、40歳くらいで留学から帰ってきて、アメリカで学んだサイコオンコロジー、つまり精神腫瘍学を中途で断念し、精神科医をやっていたので、人生の最後の仕事は「精神腫瘍科医」として、精神腫瘍学を完遂させる機会が訪れたのです。

前の章でも述べた通り、当初は、それまで学んだ精神医学をがん患者さんに応用すれば簡単、とさえ思っていましたが、これは大誤算だとわかりました。毎日が考えさえられることばかりでした。その理由は、精神腫瘍科が扱う患者さんは、全てがん患者さんで、「死」が究極のテーマで悩んで来られるからでした。その気持ちは、「緩和ケアチーム」の一員に配属されてからは、特にそうでした。昨日までお話しできていた方が、今朝、回診に訪れると、亡くなった直後だった、という経験も少なくありませんでした。

ある朝、緩和ケア医、薬剤師、がん専門看護師と私の4人の「緩和ケアチーム」で回診に行った時のことです（ちなみに、心のケアを担当する医師を加えたこの4職種が揃っていないと診療報酬としての「緩和ケアチーム加算」が認められません。全国には、多くの病院で「緩和ケアチーム」を持っていますが、チーム加算を算定できる4職種が揃っているところはそれほど多くはありませんでした）。

さて、そんな4人でいつものように回診していた時のことです。私はいつも患者さんの部屋に入る際に最後の4人目として入っていたのですが、ある患者さんの個室をノックして、順番に部屋に入りました。その時、ベッドで寝ていた患者さんが私を指差し、「そこの一番奥の先生、もっと前に来てください」と手招きをします。私はカルテを読んでいたので、その患者さんがあと2週間くらいで亡くなるだろうということは知っていました。そんな私の目の間で、「先生、そんな悲しそうな顔をしないでください」と言ったのです。きっと暗い元気のない顔をしていたのでしょうが、その私に向かって、「先生、私は2回死んで生き返っているので、3回目も怖くないんです。2回とも、『とてもきれいな明るい世界』に行けたんです。3回目もそんなきれいな世界に行けるので悲しくないんです」と続けて話してくれたのです。今なら、その方が、2回も『臨死体験』をしてその経験を話してくれていると理解でき、興味深く聞き入るのですが、その頃の私には『臨死体験』の知識もありません。しかし、その日の午後、改めて患者さんの部屋に行き、詳しくお話を伺うことができました。

その日から臨死体験だけでなく、**「人は死んだらどうなるのか？」**という疑問が頭の中をグルグル回り始めました。私には『**死生観**』のようなものがしっかりしていないからだとわかり、3カ月後には「高野山大学大学院通信教育課程」に入学したのです。そこでの楽しい大学院生活については、**第3章**で話しましたので繰り返しません

この本では、がんで闘病する患者さんからの貴重なお話から、病気の前後で起こってくる心の変化や行動の変化は、この期間を人生の「幕間」としてとらえるとわかりやすくなると思い、書き始めました。書いているうちに、実は、この「幕間」を感じていたのは、それまでの大学を早期退職して、がん患者さんの専門外来をやり始める頃の自分自身だったことに気付き、「あとがき」を利用して整理させていただきました。

ですから、この本を読んでいただいた方にとって、これまでのご自分、いえ今のご自分を「幕間」という言葉でくるんでみて、どういう第2幕にしたいのかを考えていただく機会にしていただけたら、著者としてはこの上ない喜びです。

最後まで読んでいただき、ありがとうございました。

## 図3　保坂 隆のライフシフト

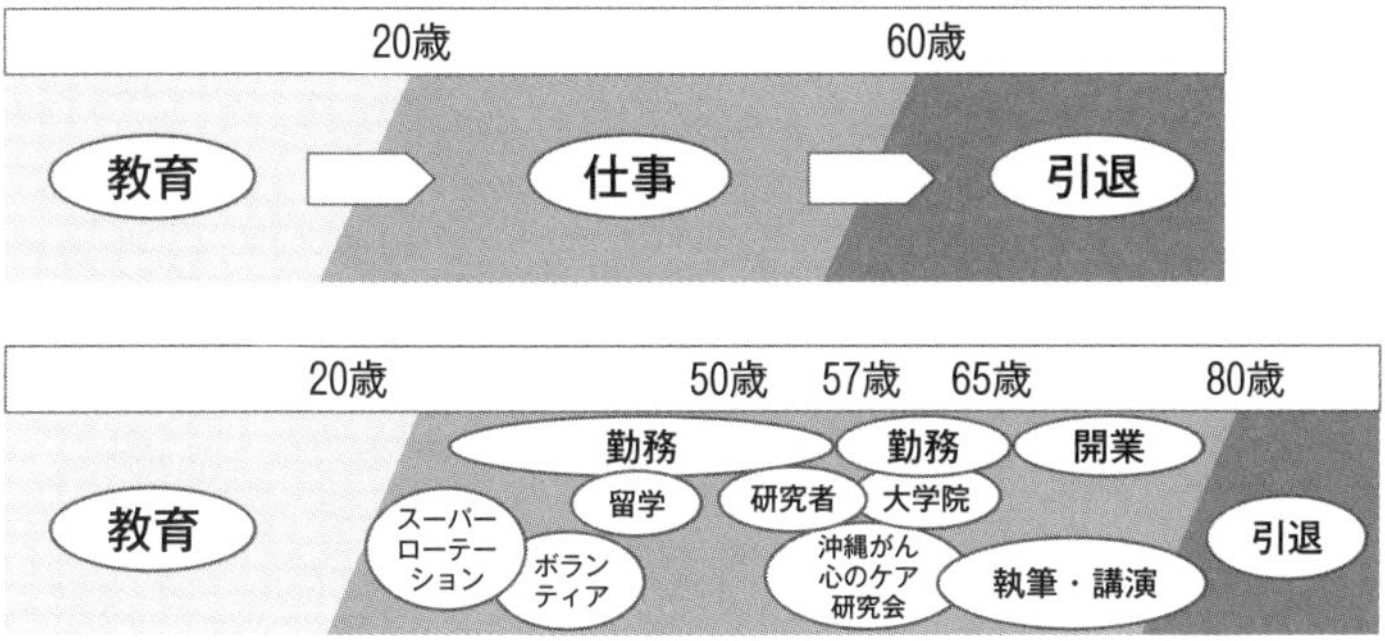


**上段※が従来の 3 ステージで、下段が保坂隆のマルチステージ**

※リンダ・グラットン、アンドリュー・スコット（星井博文原作・松枝尚嗣まんが）：まんがでわかる LIFE SHIFT．東洋経済新報社（2018）より改変

**教育**：24歳（公立小中高校を経て、慶應義塾大学医学部卒業）
**スーパーローテーション**：25〜27歳（東海大学病院）
**ボランティア**：25〜28歳（北海道の町立病院で院長に休暇を取っていただくために夏休み・冬休みに日当直していた）
**勤務**：24〜65歳（慶応病院、東海大学病院、東海大学医学部、聖路加国際病院）
**留学**：38〜40歳（米国UCLA, Sloan-Kettering記念がんセンター）
**研究者**：50〜58歳（厚生労働科学研究・研究代表者４件）
**沖縄がん心のケア研究会**：57〜62歳（毎月１回、計60回、ボランティア活動）
**大学院**：59〜62歳（高野山大学大学院通信教育課程、62歳で密教学修士号）
**開業**：65歳〜現在（保坂サイコオンコロジー・クリニック）
**執筆・講演活動**：30歳頃〜現在
**引退**：未定

保坂 隆（ほさか たかし）　精神科医

1952年山梨県生まれ。慶應義塾大学医学部卒業後、同大学精神神経科学教室入局。1990年より米国カリフォルニア大学ロスアンゼルス校（UCLA）精神科に留学。東海大学医学部教授、聖路加国際病院精神腫瘍科部長・同リエゾンセンター長などを経て、現在、保坂サイコオンコロジー・クリニック院長、聖路加国際大学臨床教授、京都府立医科大学客員教授。

著書に『50歳からは「孤独力」！』（さくら舎）、『空海に出会った精神科医―その生き方・死に方に現代を問う』（大法輪閣）、『がんだけど、素敵な話』（海竜社）、『ステージ4をぶっ飛ばせ！』（主婦の友社）など多数がある。



# 「幕間《まくあい》」の心理学 −人生の転機の乗り切り方−

2024年7月2日 第1刷発行

著　者　保坂　隆
発行人　山本教雄
編集人　向井直人
発　行　メディカル・ケア・サービス株式会社
〒 330-6029 埼玉県さいたま市中央区新都心 11-2
ランド・アクシス・タワー 29 階
発行発売　株式会社Gakken
〒 141-8416 東京都品川区西五反田 2-11-8
印　刷　株式会社共同印刷

この本に関する各種お問い合わせ
- 本の内容については、下記サイトのお問い合わせフォームよりお願いします。
https://www.mcsg.co.jp/contact/
- 在庫については Tel 03-6431-1250（販売部）
- 不良品（落丁、乱丁）については Tel 0570-000577
学研業務センター 〒 354-0045 埼玉県入間郡三芳町上富 279-1
- 上記以外のお問い合わせは Tel 0570-056-710（学研グループ総合案内）